Quem mexeu no meu rato?

Um livro de autoajuda para gatos
(que não precisam de ajuda alguma)

DENA HARRIS

Ilustrações por Ann Boyajian

Tradução
Fátima Santos

Rio d

CIP-BRASIL. CATALOGAÇÃO NA FONTE
SINDICATO NACIONAL DOS EDITORES DE LIVROS, RJ

H26q   Harris, Dena
           Quem mexeu no meu rato? / Dena Harris; tra-
       dução: Fátima Santos. - Rio de Janeiro: Best*Seller*,
       2013.

           Tradução de: Who moved my mouse?
           ISBN 978-85-7684-503-4

           1. Gato - Humor, sátira, etc. 2. Gato - Misce-
       lânea. I. Título.

12-8587   CDD: 818
                                 CDU: 821.111(73)-8

Texto revisado segundo o novo Acordo Ortográfico da Língua Portuguesa.

Título original norte-americano
WHO MOVED MY MOUSE?
Copyright © 2010 by Ten Speed Press
Copyright da tradução © 2013 by Editora Best Seller Ltda.

Publicado mediante acordo com Ten Speed Press, um selo do grupo The Crown
Publishing Group, uma divisão da Random House, Inc.

Capa original adaptada por: Gabinete de Artes
Editoração eletrônica: Ilustrarte Design e Produção Editorial
Ilustrações por: Ann Boyajian

Direitos exclusivos de publicação em língua portuguesa para o Brasil adquiridos pela
EDITORA BEST SELLER LTDA.
Rua Argentina, 171, parte, São Cristóvão
Rio de Janeiro, RJ — 20921-380
que se reserva a propriedade literária desta tradução

Impresso no Brasil

ISBN 978-85-7684-503-4

Seja um leitor preferencial Record.
Cadastre-se e receba informações sobre nossos lançamentos e nossas promoções.

Atendimento e venda direta ao leitor
mdireto@record.com.br ou (21) 2585-2002

Sumário

O segredo do sucesso é saber a quem culpar por seus fracassos.

— Autor desconhecido (mas, provavelmente, um gato)

Agradecimentos

DO SR. RON-RON

Em primeiro lugar, gostaria de reconhecer minha superioridade e agradecer a todos vocês por fazerem o mesmo. Isso praticamente abrange tudo, mas o humano que não fez absolutamente trabalho algum neste livro, exceto transcrevê-lo, digitá-lo, editá-lo e montá-lo (e ocasionalmente distribuiu em quinhões a guloseima de atum, quando a inspiração diminuía) deseja dizer algumas palavras também. Não se pode esperar de mim que eu fique aqui por causa disso. Estou entediado agora. Partindo. Adeus.

DO HUMANO

É mais difícil do que você pode imaginar olhar alguém nos olhos e admitir que seu projeto mais recente é um livro de autoajuda para gatos. (Mas, às vezes, quando se faz isso, as pessoas sentem pena de você e lhe dão uns trocados.) Agradeço muito aos seguintes amigos amantes de felinos que não só se mantiveram impassíveis quando souberam do livro, mas também incentivaram e ajudaram a sua criação ao longo do caminho. Sem ordem específica, uma salva de patas para Ron Culberson, Trisha Emish, Edmund Schubert, Laine Cunningham, Tom Barker, Rudy Daugherty Clark, Daniel Shirley, Pam Cable e Christopher Laney.

Ronronares e afagos para Winifred Golden da Castiglia Literary Agency por cuidar da edição americana do livro, e pela disposição para aceitar e responder aos e-mails com o assunto "Re: o que você acha dessa piada sobre a caixa de areia do gato?"

Agradeço muito à Ten Speed Press e à minha editora maravilhosa, Lisa Westmoreland.

E, finalmente, um agradecimento especial a Lucy e Olivia, que me lembravam diariamente que os gatos são *perr*feitos e nunca precisam de qualquer ajuda.

CAPÍTULO 1

Conversas de um gato com Deus

Você está prestes a ler uma conversa extraordinária. Uma conversa que você pode achar impossível...

E se lhe oferecessem a chance de questionar Deus e perguntar tudo que sempre quis saber sobre a existência? Por que as cadeiras de balanço estão autorizadas a existir? Para onde *mesmo* vai a pena na ponta da vareta quando ela desliza para debaixo do sofá? E por que seus humanos se recusam a reconhecer o peixinho de aquário como sushi, para começar?

E se Deus lhe respondesse? (E não fosse apenas a erva-dos-gatos falando.)

Quando rondar a parte de baixo das cadeiras e arremessar violentamente o controle remoto da televisão para regiões desconhecidas não trazem a devida satisfação, é aí que você percebe a dor em seu coração. Algo está faltando. Esta conversa irá resolver isso. Curar isso. Ou, ao menos, temporariamente, o distrairá, até que um pequeno pássaro inocente (leia-se: um lanche da tarde) apareça no seu quintal.

Você está pronto? Deus tem algo a lhe dizer.

Querido Deus, qual a finalidade de um cão? Tenho pensado muito e tudo que consigo sugerir é... bem, nada. Zero. No comprendo.

Criei um mundo de polaridade. Não há sequer um ponto positivo sem um negativo; nenhum preto sem branco; nenhum miado sem um latido. Os cães servem para manter essa polaridade. Para que os gatos sejam reverenciados como elegantes, refinados e superiores, deve haver uma espécie deselegante e bruta para que haja uma comparação relevante. Os cães servem para o meu objetivo de exibir os felinos como minha criação maior.

Então, por que a palavra "cão" [em inglês, "dog"] lida ao contrário é igual à palavra "Deus" [em inglês, "God"]?

Esse foi um equívoco da minha parte. Um erro terrível. Houve bastante confusão por causa disso — ainda estou tentando resolvê-la. Lamento muito.

Deixar pequenas oferendas animais vivas na entrada dos fundos da casa dos humanos me faria ganhar pontos extras no paraíso?

Não fará mal algum. Nada melhor do que um presente inesperado para dizer "Eu amo você", sobretudo se o presente ainda estiver vivo. É muito gentil de sua parte compartilhar. Bom gatinho!

Por que você permite que existam coisas ruins, como cadeiras de balanço, aspiradores de pó e roupas do "dono" combinando com as do "animal de estimação"?

Muitas coisas desse tipo são para meu próprio deleite. Ainda dou risadas com essa moda que estimulei de "carregar um chihuahua em uma bolsa". Não posso acreditar que as pessoas tenham gostado tanto disso.

🐾

Sim, mas e com relação às cadeiras de balanço? Elas machucam para valer.

Eu não lhe dei reflexos rapidíssimos? Eles têm o propósito de ajudá-lo frente aos perigos existentes neste mundo. Ponha as unhas para fora e mostre à cadeira de balanço quem é que manda.

🐾

Estou tentando atingir o nirvana. Cinquenta sessões de lambidas no traseiro por dia são suficientes para alcançar a paz interior?

Não exatamente. Mas quase. Continue.

🐾

Por que ninguém entende minha vingança contra as franjas do sofá? Elas são diabólicas e devem ser destruídas.

Não se preocupe com o que os outros pensam. Ao contrário, tenha certeza de que quando você ataca um objeto aleatório — sobretudo com franjas — está fazendo o trabalho de Deus.

Por que os gatos veem melhor no escuro do que os humanos?

Achei que seria mais divertido dessa forma.

Então, para onde mesmo vai aquela pena na ponta da vareta quando ela desliza para debaixo do sofá? Tenho medo de enfiar qualquer coisa a mais do que minhas patas dianteiras lá.

Ainda que eu não tenha certeza até onde a escuridão embaixo do sofá leva, me disseram que ela desemboca em algum lugar próximo de Las Vegas.

Com relação aos aquários, por quanto tempo tenho permissão para, humm, brincar com o peixe que tem lá?

Se eu pegar você perto do aquário, vou pegar o esguicho. E, como sou Deus, minha mira é muito boa. Compreendeu?

Te peguei. E que tal o seguinte: por que nove vidas? Por que não sete, 12 ou 36?

Nove vidas combina com uma marca de comida felina existente no mercado. Pareceu-me lógico.

A gula é um pecado? (Não há um motivo para a minha pergunta. Apenas curiosidade.)

Eu diria o seguinte: a hora da refeição *não* deveria se parecer com um aglomerado de tubarões em torno de iscas jogadas na água. Ao contrário, você deveria parar para agradecer pelo alimento que recebe. Devorar a comida é um pecado? Não. É um pouco nojento de ver? Sinceramente, sim.

Os gatos pretos de fato trazem má sorte?

Não, mas não espalhe. Gatos pretos se divertem muito mais criando confusão com as pessoas por causa dessa ideia.

---

* Nos Estados Unidos é costume dizer que os gatos possuem nove vidas, e não sete, como se diz no Brasil. (*N. da E.*)

Por que as pessoas insistem em me pegar no colo quando quero que meus pés permaneçam firmes no chão?

Há uma falha nítida de comunicação. Tente enterrar suas unhas no peito da pessoa e ver se isso esclarece o mal-entendido.

Tenho interesse em ouvir sua opinião sobre se os gatos deveriam ser mantidos em casa, fora de casa, ou uma combinação dos dois.

Aprendi que nunca se deve discutir religião, política, ou a dialética felina sobre ficar dentro ou fora de casa com aqueles com quem desejo manter amizade. Eu diria, no entanto, que ajudaria a resolver a questão se sua espécie fosse mais resolvida sobre se *deseja* ficar dentro ou fora de casa. Porque, nesse vai não vai, vocês estão deixando entrar muitas moscas.

Por que gosto tanto da erva-dos-gatos?

É um fato pouco conhecido que a erva-dos-gatos é 5% Viagra, 10% extrato de ostra e 85% Red Bull.

Por que fico correndo de cômodo para cômodo sem razão aparente?

Veja a resposta anterior.

Por que as pessoas falam comigo como se eu fosse um bebê?

O décimo primeiro mandamento, que proíbe qualquer um de pronunciar uma frase contendo mais de cinco palavras que acabem em "*inho*" (por exemplo: "O que aquele gatinho fofinho e lindinho está fazendo com essas patinhas fofinhas"), foi inadvertidamente deixado de fora da lista. Eu poderia consertar isso agora, mas por que me incomodar? E, honestamente, não é culpa dos humanos. Eu simplesmente fiz vocês muitíssimo fofinhos. Não fiz? Sim, eu fiz. Eu fiz. Seus fofinhos peludinhos. Ah — ahã... Perdão.

Há algo de errado comigo porque gosto de me enrolar em meias sujas, sutiãs e roupas íntimas?

Não, a menos que você comece a usá-los.

Como pode ninguém nunca ter sido capaz de descobrir de onde exatamente vem um ronronar?

Estou esperando minha patente ser aprovada antes de liberar essa informação.

Por que os gatos na televisão parecem estar aproveitando a vida muito mais que eu? Não me parece que eu esteja vivenciando o mesmo nível de diversão e satisfação travessa em minha caixa de areia como eles estão na deles.

Lembre-se de que muito do que você vê na televisão não é real. (Exceto a luta livre profissional. Você simplesmente não consegue fingir esse tipo de coisa.)

Li em algum lugar que a terra gira em torno do sol, mas eu tinha certeza de que o mundo girava em torno de mim. Qual é a verdade?

Sei o quanto você gosta de sol, então essa é a razão por que fiz a terra girar em torno dele. Não se preocupe. Tudo ainda retorna para você no final.

Você atende às orações?

Certamente. Lembra quando o doberman do vizinho teve aquele incidente infeliz com o equipamento de revolver o solo? Coincidência? Acho que não.

Meus humanos gritam comigo quando pego a comida que caiu no chão. Eles têm razão? É anti-higiênico?

Não, desde que você siga a regra dos cinco segundos. Quem você acha que inventou isso, afinal.

Se as pessoas não me querem em cima do computador, então por que elas lhe deram um mouse?

Apenas outro exemplo das mensagens truncadas que você recebe dos humanos. É como quando eles repreendem você por afiar as unhas no sofá. Aloô-ooou. Para começo de conversa, por que eles colocaram o sofá lá?

Quem você considera os heróis desconhecidos do mundo?

Os voluntários que resgatam animais, os trabalhadores das fábricas de alimentos para gatos e o inventor dos comprimidos sabor salmão.

Boa lista. Alguém mais?

Sempre pensei que William Shatner nunca, de fato, foi reconhecido como ator.

Por que os cães são considerados leais e os gatos arrogantes? Não é justo.

Tive de fazer algo para dar uma chance aos cães. Vocês têm cérebro, beleza, inteligência, graça e patas silenciosas que lhes permitem escapar das pessoas. Todos os cães têm mau hálito, glândulas salivares hiperativas e uma falta de limites pessoais. A lealdade foi minha forma de jogar um osso aos caninos, por assim dizer.

Quem começou o mito de que os gatos sempre chegam ao chão com as quatro patas quando pulam?

Esse cara chamado Phil, por volta de 1200 a.C.

Por que sapatos fedorentos — sobretudo os de couro — são tão fascinantes para mim? Não consigo deixá-los em paz.

Não estou completamente à vontade para discutir esse assunto. Vou lhe dar o telefone do meu terapeuta.

Deus tem um terapeuta?

Infelizmente, não há gatos suficientes no mundo para acalmar meus nervos após um dia gasto lidando com pessoas que insistem em bagunçar meu planeta. Guerras, poluição, jeans de cintura baixa... estou ocupadíssimo.

Por que os humanos insistem em esfregar meu pelo no sentido contrário?

Pela mesma razão que eles insistem em assistir às reprises das Supergatas e em ouvir música de discoteca. Eles são loucos.

Eis uma pergunta: a curiosidade realmente matou o gato?

Não. A frase original é, na verdade: "A crueldade saciou o rato", mas ela se perdeu em uma daquelas brincadeiras de "telefone sem fio".

Qual a razão para a nossa falta de polegares opositores? É como se você não quisesse que fôssemos capazes de abrir maçanetas de portas ou latas sozinhos.

Houve um cara ou coroa. Os humanos ganharam polegares opositores e os gatos ganharam bigodes que captam 76 frequências de rádio; rabos que auxiliam no equilíbrio e a habilidade de cair em pé. Sinceramente, acho que vocês saíram ganhando.

Por que ninguém valoriza minhas habilidades de rapidez ninja?

Não tenho certeza, mas seu salto das sombras gritando "Ia-auuuuu-iaaauuu!" todas as vezes que ataca um bolo de poeira não ajuda muito.

Tive esta conversa com você enquanto me olhava no espelho do corredor. Isso significa que sou Deus?

Basicamente, sim.

CAPÍTULO 2

Perfil da *perr*sonalidade

Você é um tipo de felino A, levado a perambular à noite e sempre se preocupando quando a ração está acabando? Epítetos depreciativos tais como "Bola de pelo preguiçosa" são continuamente atirados em sua direção (quer dizer, quando você está acordado para ouvi-los)? Que tal se você aprendesse que sua inclinação para revolver lixo ou comer plantas foi pré-determinada? Em outras palavras, que tal se qualquer coisa que você fizer nunca for sua culpa?

O tipo de *perr*sonalidade afeta tudo na vida de um felino, das tendências para caçar ao vício em erva-dos-gatos; dos hábitos noturnos às interações sociais. O teste a seguir identifica *perr*ferências inatas. Assim que completá-lo você se identificará com um dos 16 tipos de *perr*sonalidade. Por favor, observe que, assim como não há nenhuma forma certa ou errada de decapitar um esquilo, não há nenhum tipo "melhor" ou "pior".

Conhecer seu tipo o capacitará a expressar melhor suas preferências naturais cotidianas. Você identificará carreiras que poderá considerar interessantes e aprenderá como compensar quaisquer idiossincrasias de eriçar o pelo que possa ter. Um gato MAIO (Manhoso, Audacioso, Impulsivo, Ousado), por exemplo, pode se tornar excessivamente estimulado e tomar decisões infelizes baseadas no que está acontecendo no momento ("Subirei no topo dessa árvore legal!"), em vez de ter a visão global ("Estou potencialmente preso nesta árvore por toda a eternidade").

Após completar o perfil, você pode usá-lo para os seguintes propósitos:

- Identificar pontos fortes (seus) e fracos (dos outros);
- Determinar quanta interação social pode suportar antes de começar a destruir os móveis;
- Encontrar seu par ideal de personalidade para ser seu vassalo (em outras palavras, uma pessoa);
- Responder a perguntas como "Ai! Por que você fez isso?" e "Que diabos, qual é o seu *problema*?!";
- Identificar profissões ideais para seu tipo, tais como participante do estudo sobre o sono (SLMI) ou agente (literalmente) secreto MAIP.
- Forrar a caixa de areia.

Seu perfil

O perfil leva aproximadamente dez minutos para ser completado — ou, com a hora da soneca contabilizada, três dias.

As *gat*egorias para seu perfil podem ser encontradas no seguinte quadro:

DESCRIÇÃO DA *GATEGORIA*				
Em que você concentra sua atenção	S	**Solitário:** Gatos Solitários não precisam de ninguém, nem de nada (exceto da guloseima de atum quando absolutamente ninguém estiver olhando). Seu foco é encontrar lugares remotos na casa para que seus humanos pensem que você fugiu.	M	**Manhoso:** Quem ama todo mundo? Você! Gatos Manhosos concentram sua atenção em se aproximar o máximo possível de pessoas, outros animais e qualquer pedaço de lã, independente do tamanho.
A forma como você entende informações	A	**Audacioso:** Gatos Audaciosos exibem uma curiosidade natural pela vida. O que há dentro da bolsa? Por que a porta do banheiro está fechada? O que acontece se eu comer essa planta? Mentes curiosas como a sua desejam saber!	L	**Letárgico:** A vida vale a pena a ponto de me levantar? Gatos Letárgicos nem mesmo abrem os olhos para a campainha da porta. Esses gatinhos costumam entender as informações através de sentidos internos, usando o instinto e as pálpebras dos olhos semiabertas para viver a realidade. Se não houver um incêndio ou algo comestível, seu envolvimento provavelmente será mínimo.
A forma como você toma decisões	I	**Impulsivo:** Gatos Impulsivos tomam decisões imprudentemente, muitas vezes, sem considerar as consequências. Gatos que se atiram em rottweilers, ou se deixam ser pegos em armadilhas dentro de casas são, geralmente, de temperamento Impulsivo.	R	**Receoso:** Gatos Receosos se assustam com facilidade. São hesitantes nas suas abordagens na vida, e se sentem muito seguros debaixo da cama, onde passam todo o tempo, pensando sobre as coisas ruins que poderiam ter acontecido a eles. Suas decisões são baseadas no medo percebido da morte e/ou do banho. Os músculos das pernas são extremamente desenvolvidos nos Gatos Receosos, possibilitando saltos de pouco mais de mil metros.

Como você lida com o mundo externo	O	**Ousado:** Gatos Ousados sabem quem eles são, o que desejam da vida, e a melhor maneira de conseguir o que querem! Ousados preferem usar a inteligência, a perspicácia e o medo que urinem nos lençóis para persuadir os que os cercam a fazer o que eles mandam.	P	**Puro:** Gatos Puros veem o melhor em todos, até quando estão sendo carregados em uma caixa de viagem para serem colocados em um avião. Eles só pedem amor e a eventual coçadinha na barriga. O charme ingênuo normalmente conquista o apoio dos outros para a sua forma de pensar.

INSTRUÇÕES: *Por favor, arranhe apenas uma das respostas para completar cada sentença ou responder cada pergunta a seguir.*

1. Eu durmo melhor

    a. Misturado com outros felinos.

    b. Sozinho.

    c. Estendido bem no centro da cama, empurrando os outros ocupantes para os cantos mais distantes.

    d. Em cima do rosto de alguém.

2. Brinco com sacolas de papel pardo porque

    a. Não tenho permissão para me aproximar de facas.

    b. Elas são como minha própria "bat caverna".

    c. Se não consigo ver você, você não consegue me ver.

    d. Gosto do eco.

3. Este gato

   a. Tinha um taxidermista novato.

   b. Estava no meio de uma disputa de encarar, quando algo deu terrivelmente errado.

   c. Vê pessoas mortas.

   d. Explodirá se não encontrar uma caixa de areia logo.

4. Confio em estranhos

   a. Facilmente — amigos nunca são demais.

   b. Nunca — eles podem ser amigos de cães.

5. Acredito que

   a. Algum dia pegarei esse ponto vermelho de luz misterioso no chão.

   b. Nunca pegarei o ponto vermelho de luz misterioso.

   c. Trabalhando em equipe, poderemos pegar o ponto vermelho de luz misterioso.

   d. O ponto vermelho de luz misterioso é o pequeno ajudante do diabo.

6. Quando as pessoas me acariciam, meu instinto é

   a. Virar de barriga para cima.

   b. Virar de barriga para cima e, em seguida, tentar mor-
      dê-las e/ou mutilá-las quando tentarem me tocar.

   c. Ronronar ruidosamente.

   d. Pensar "Fazer carinho em *mim*? O quê, você quer
      morrer?"

7. Este gato está pensando:

   a. "Ai, céus!"

   b. "*O que v*ocê fez com minha coleção de insetos
      mortos?!"

   c. "Eu consigo ver minha cama daqui."

   d. "Achava que cola instantânea não grudasse no pelo."

8. Meu lugar favorito para me esconder é

   a. No cesto de roupas. Humm, roupas fedorentas!

   b. Qualquer espaço pequeno e fora do normal em que
      eu consiga espremer meu corpo obeso.

   c. Congelado no meio do chão, costumo entrar em
      pânico frente a algum perigo.

   d. Cleveland.

9. Minha resposta emocional a problemas, geralmente, é

   a. Previsível.

   b. Variável.

   c. O que é uma resposta emocional?

10. Se meu humano chega em casa cheirando a outro gato, eu

    a. Me atiro debaixo do aspirador de pó. Nosso amor acabou.

    b. Não me importo de jeito algum. Alimente-me.

11. Adormeço no meu prato de comida:

    a. Nunca.

    b. Às vezes.

    c. O quê? Ele também não é uma cama?

12. Que imagem você prefere?

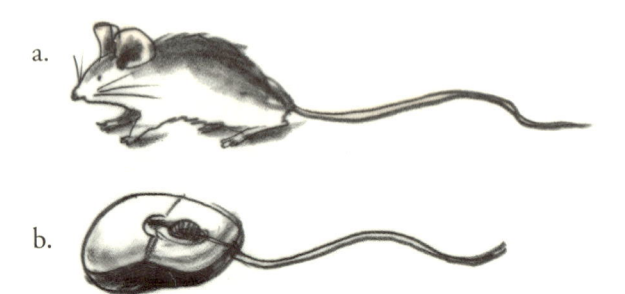

a.

b.

13. Quando massageio a barriga de meu humano com minhas patas, na verdade estou

   a. Expressando prazer.

   b. Tentando encontrar o botão de "autodestruição".

   c. Fingindo amassar pãozinho.

   d. Vendo se consigo romper um órgão interno.

14. Se suspeito estar na presença de alguém que não gosta de gatos

   a. Urino nos pertences dessa pessoa.

   b. Ignoro a pessoa e, em seguida, urino em seus pertences.

   c. Faço todas as tentativas de fazer amizade com a pessoa e, em seguida, urino nos pertences dela.

   d. Sento distante e encaro a pessoa e, em seguida, urino nos pertences dela.

15. Meu jogo favorito é:

   a. Qual o tamanho dessa corda desemaranhada do estofado?

   b. Serviço Despertador às 3 Horas da Manhã.

   c. Andar arrogantemente.

   d. Deixe-me entrar; Deixe-me sair.

16 Este gato está pensando:

- a. "Não sairei até receber o sinal de 'tudo bem'."
- b. "Um passo a mais e eu te mato."
- c. "Dia da lavanderia? Uma ova."
- d. "Vou pegar você, meu lindinho, e seu cãozinho também!"

17. Minha atitude com relação ao sexo é
- a. Conservadora.
- b. Liberal.
- c. Que nojo!
- d. Não tenho certeza. Deixe-me sentar na beira da cama e observar.

18. Complete esta frase: Não temos nada a temer, exceto
- a. O chihuahua cheio de cafeína do vizinho.
- b. Cortadores de unhas.
- c. Tudo. Devemos temer tudo.
- d. A caixa de viagem para gatos.

19. Meu conselho para um gato que quebrar alguma coisa é:

a. Use a tática dos olhos arregalados "Quem, eu?".

b. Fuja.

c. Espalhe pedaços dos itens quebrados próximo à cama do cachorro.

d. Exija um advogado.

20. Qual felino acabou de regurgitar o almoço nos sapatos do seu humano?

a.   b.

21. Quando encontro um inseto morto,

a. Eu o uso como bola na pelada de rua.

b. Eu o ataco para que pareça que fui eu que o matei.

c. Eu o ignoro. Tenho princípios.

d. Eu o acrescento à minha coleção de "Coisas favoritas" embaixo da cama.

22. O veterinário existe

   a. Para me ajudar.

   b. Para me machucar.

   c. Porque Deus está me testando.

   d. Para confirmar minha posição de paciente mais violento que ele já viu.

23. Selecione a legenda que melhor descreve esta fotografia.

   a. Quando filhote, Tiger aprendeu a importância de se alongar antes de caçar.

   b. Carícias na barriga. *Agora.*

   c. É um pássaro! É um avião! É um *Supergato*!

   d. Socorro! Caí e não consigo me levantar.

24. Se algo na casa for mexido ou trocado,

   a. Não reparo.

   b. Investigo imediatamente.

   c. Por quê? Por que eles fariam isso comigo?

   d. É um sinal do apocalipse. Comece a fazer as malas.

INSTRUÇÕES: *Lenta e firmemente, faça um círculo ao redor do número que melhor combina com sua resposta para cada afirmação a seguir.*

25. Se Timmy caísse no poço

1   2   3   4   5

Eu daria uma de Lassie! ——————— Qual é a sua pergunta?

26. Sou divertido e extrovertido

1   2   3   4   5

Todos os minutos ————————Nunca, me deixe em paz.
do dia e da noite.

27. Mantenho meus brinquedos guardados e organizados

1   2   3   4   5

Nem tanto. ————————————— Isso não é
problema meu.

28. Coloco as necessidades dos outros acima das minhas

1   2   3   4   5

Sempre. ———————————— Os outros têm
necessidades?

29. Prefiro amigos que são

1   2   3   4   5

Reais. ——————————— Empalhados com
erva-dos-gatos e que vêm
com garantia do fabricante.

30. Quando trabalho em tarefas importantes, costumo

1	2	3	4	5

Vomitar. ———————————————— Adormecer.

31. Debates filosóficos (tais como "O que veio antes, a galinha ou a guloseima com sabor de galinha?") me interessam

1	2	3	4	5

Não muito. ———————————— Por que você pergunta?
Você *tem* uma guloseima com sabor
de galinha para me dar?

32. Acordo meus humanos cedo porque

1	2	3	4	5

Sinto saudades ———————————— Para chateá-los.
deles.

33. Uma tigela de comida com meu nome significa

1	2	3	4	5

Sou amado. ———————————— Estou humilhado —
sobretudo se for cor-de-rosa.

34. O tempo gasto com a aparência pessoal não é perdido.

1	2	3	4	5

Verdade. ———————————————— Muito verdadeiro.

35. O ronronar significa

| 1 | 2 | 3 | 4 | 5 |

Um aviso. ———————————————————— Um desafio.

36. Se algo não for da minha conta

| 1 | 2 | 3 | 4 | 5 |

Eu respeito isso. ———————————— Nem imagino uma situação
em que essa possibilidade seja viável.

TABELA DE PONTOS

Atribua os pontos a seguir para as perguntas 1 a 24 e trans-
fira-os para o quadro na página seguinte, juntamente com
os números circulados das perguntas 25 a 36.* Em seguida,
some os pontos em cada coluna para determinar seu Perfil
de *Perr*sonalidade.

1. a=2, b=4, c=3, d=1	13. a=1, b=4, c=2, d=3
2. a=4, b=3, c=1, d=2	14. a=1, b=2, c=4, d=3
3. a=1, b=3, c=4, d=2	15. a=1, b=4, c=3, d=2
4. a=1, b=2	16. a=1, b=3, c=2, d=4
5. a=3, b=2, c=1, d=4	17. a=1, b=2, c=4, d=3
6. a=2, b=3, c=1, d=4	18. a=4, b=3, c=1, d=2
7. a=1, b=2, c=3, d=4	19. a=2, b=1, c=4, d=3
8. a=3, b=2, c=1, d=4	20. a=1, b=2
9. a=1, b=2, c=3	21. a=2, b=3, c=4, d=1
10. a=2, b=1	22. a=1, b=2, c=3, d=4
11. a=1, b=2, c=3	23. a=2, b=3, c=4, d=1
12. a=2, b=1	24. a=3, b=4, c=2, d=1

*Atribua 5 pontos para cada pergunta que você não se deu ao trabalho de responder.
Atribua 50 pontos se você decidiu picar este questionário e simplesmente assistir ao
programa do Dr. Phil. (O que há de tão interessante nesse homem?)

COLUNA A	COLUNA B	COLUNA C	COLUNA D
1.	2.	3.	4.
5.	6.	7.	8.
9.	10.	11.	12.
13.	14.	15.	16.
17.	18.	19.	20.
21.	22.	23.	24.
25.	26.	27.	28.
29.	30.	31.	32.
33.	34.	35.	36.
Total para Coluna A:	Total para Coluna B:	Total para Coluna C:	Total para Coluna D:
Esta é a sua pontuação de Solitário/Manhoso	Esta é a sua pontuação de Audacioso/Letárgico	Esta é a sua pontuação de Impulsivo/Receoso	Esta é a sua pontuação de Ousado/Puro

Como fica a sua nota — Se é que você se importa

Agora, você preenche com seus pontos a tabela de Perfil de *Perr*sonalidade. Por exemplo, o Perfil de *Perr*sonalidade de um felino MAIP com a pontuação a seguir se pareceria com:

PERFIL DA PERRSONALIDADE PARA MAIP

Manhoso 12   Audacioso 32   Impulsivo 26   Puro 10

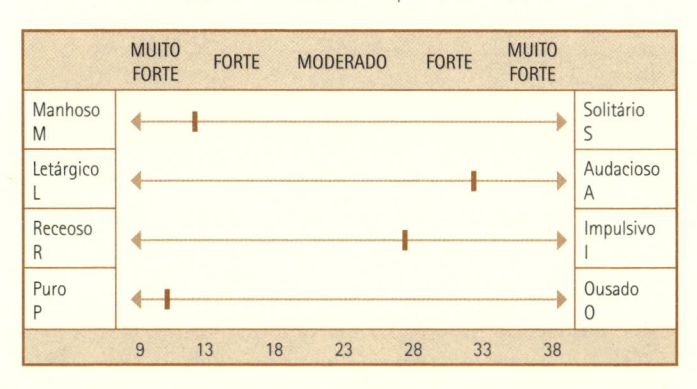

Como você pode ver, a característica dominante des-se felino é a Inocência, associada a um forte desejo para ser Manhoso e ficar próximo às pessoas. Níveis médios de medo e baixos de preguiça indicam um gato que está mais feliz bisbilhotando as gavetas de roupas íntimas e brigando com o cachorro.

Preencha com os seus pontos abaixo.

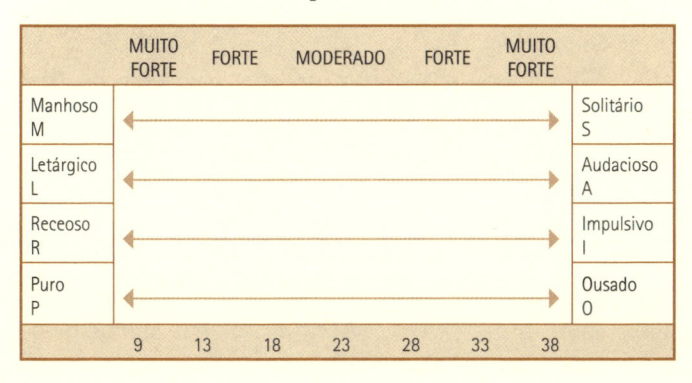

MLRO: Cuidador

MLRP: Visionário

SLRO: Iogue

SLRP: Romântico

MLIO: Guia

MLIP: Criador de Tendências

SLIO: Inconformista

SLIP: Cientista

MAIO: Disciplinador

MARO: Ajudante

SAIO: Tradicionalista

SARO: Compulsivo

MAIP: Explorador

MARP: Comediante

SAIP: Analista

SARP: Sensível

Os 16 tipos de *perr*sonalidade

Seus pontos refletirão como você administra sua vida no dia a dia. Por exemplo, se você obtiver uma pontuação alta para o tipo Receoso, sua aversão por campainhas, vento e saltos de sapato finos começa a fazer sentido.

Pontuações identificam *gat*itudes e com*porr*tamentos comuns para cada tipo de *perr*sonalidade. Para ilustrar esse ponto incluímos toda resposta comum do tipo de *perr*sonalidade para a pergunta "O prato de comida está meio cheio ou meio vazio?".

MLRO/CUIDADOR: Desejo que todos os outros comam. Não, espera! Quero dizer, todos, menos você! Antes que eu me aproxime do prato.

MLRP/VISIONÁRIO: Se nos empanturrarmos com tudo que está aqui, provavelmente aparecerá mais.

SLRO/IOGUE: Não tem importância se o prato está cheio ou vazio. A pergunta é: o que faz você suplicar por comida que tem sabor de papelão?

SLRP/ROMÂNTICO: Como os meus humanos me amam? Deixe-me contar as maneiras. Um alimento — *nham, nham, nham.* Dois alimentos — *nham, nham, nham.* Três alimentos — *nham, nham, nham.* Quatro alimentos...

MLIO/GUIA: Conheço o caminho! Todos me sigam até o prato de comida!

MLIP/CRIADOR DE TENDÊNCIAS: Bobagens! Essa comida é *tão* velha. Entrando no modo desinteresse.

SLIO/INCONFORMISTA: Ei! Alguém me desafie a comer do prato do cachorro em vez do meu!

SLIP/CIENTISTA: Dados os componentes magnésio, sulfato de cobre e glicerina, deve-se questionar a validade disso ser classificado como "comida". Desconfio ser uma conspiração para nos envenenar.

MAIO/DISCIPLINADOR: É melhor que essa ração seja boa ou vou causar algum dano a algum humano.

MARO/AJUDANTE: Ei, deixe-me distribuir os talheres e as toalhinhas úmidas antes de começarmos. Todos lavaram as patas?

SAIO/TRADICIONALISTA: Puff! Essa não é a forma como mamãe prepara minha comida.

SARO/COMPULSIVO: Devo mastigar cada biscoito exatamente vinte vezes antes de engolir. Felizmente, consigo encaixar mais de 150 pedaços de biscoito na boca de uma só vez.

MAIP/EXPLORADOR: Esquece a comida! Fiz um mapa de caça ao tesouro, envolvendo a bancada da pia da cozinha, as plantas dos vasos e a gaveta de pão. Quem tá dentro?

MARP/COMEDIANTE: Ei! Olha para mim enchendo a cara de comida. Agora, adivinha quem sou eu. Um baiacu. Entendeu? Entendeu?

SAIP/ANALISTA: Já se passou quase uma hora desde que alguém dedicou atenção a nós, portanto, se o prato está meio cheio ou meio vazio é irrelevante. O que importa é que fomos largados aqui para *morrer.*

SARP/SENSÍVEL: A beleza inocente da comida repousando espalhada pelo prato me emociona no fundo da alma. Ou talvez eu apenas precise usar a caixa de areia.

CAPÍTULO 3

Como fazer amigos e influenciar amantes de cães

Dale Carnegie, guru da autoajuda (e provavelmente um amante de gatos), disse certa vez: "Acredite que você vencerá, e você vencerá." Nós dizemos: "Sabote as pessoas ao redor, e parecerá estar sendo bem-sucedido."

Este capítulo leva você a uma travessia (sem água) de autoconhecimento durante a qual afiará suas peculiaridades felinas consagradas pelo tempo, tais como discrição, dissimulação e a capacidade de se espremer debaixo de cadeiras reclináveis, as quais impulsionaram gerações de gatos antes de você à fama e ao dinheiro. Aumente a confiança declarando tudo na casa como seu. Desenvolva estratégias para revitalizar sua raça conduzindo-o de gato doméstico a bichano charmoso. Aprenda a fingir que se interessa pelos outros e a se tornar um interlocutor muito procurado ao mesmo tempo em que ignora tudo que é dito para você e, mais importante, conquiste a opinião de pessoas, cães e outras formas menos inferiores de vida sobre a sua forma de pensar.

Parte I: Como fazer amigos

Neste momento, você pode estar se perguntando: eu ainda quero ter amigos? Regras peculiares se aplicam à amizade. Espera-se que os amigos *compartilhem* com outros amigos (o que pode ser definido como "dar uma parte de algo que é legalmente seu sem ter sido coagido, amarrado ou sofrer uma lobotomia completa ou parcial"). Isso apresenta um problema para o gato normal. Compartilhar é uma ideia em desuso, desde a década de 1970, quando os bonecos do Garfield empalhados com erva-dos-gatos entraram em cena. Exceto no caso do banho de língua turco, os gatos não compartilham mais.

Além disso, os amigos estão acessíveis quando você precisa de que alguém lhe coce as costas, de um colo para se enroscar ou de alguém para culpar pelo vômito seco encontrado junto ao tapete da sala de estar. Por motivos como esses, sentimos que vale a pena baixar a guarda e permitir que os outros se aproximem de você por até dez minutos diariamente.

Como se começa a fazer amigos? Recomendamos as seguintes táticas consagradas:

Tente chantagear. Sempre uma opção atraente. Descubra como operar a máquina fotográfica simples (você nos agradecerá) para descobrir os segredos dos outros. Em seguida, ameace-os de colocar as fotos na internet se eles não massagearem suas costas e o pescoço por uma hora ou mais.

Repasse o presente. Seja ele uma mariposa sem vida, um rato de algodão ensopado de saliva ou os remanescentes regurgitados de seu almoço, um presente previamente usado — contanto que seja de coração (ou do estômago) — ajuda a fluir e abre a porta da amizade.

Empurre com a cabeça. O gesto de boa vontade clássico da amizade. Eles também são uma boa forma para dizer aos novos amigos para darem o fora do seu caminho.

Faça-se de morto. Os humanos consideram um sinal de confiança quando você se faz de morto na presença deles, não reconhecendo que você, de fato, finge que está morto na esperança de que eles o deixem em paz.

Dê opiniões honestas. É melhor dar uma resposta mais tarde à noite, quando a capacidade de um amigo de jogar uma almofada na sua direção com algum grau de pontaria correta estará em seu nível mais baixo.

Lamba seu novo amigo. É nojento, mas eficaz. Lave e cuspa depois.

Marque seu território. Exatamente como boas cercas fazem bons vizinhos, boas marcas de cheiro fazem bons amigos. Não hesite em renegociar divisas e disfarçar o cheiro de um amigo com o seu.

Ataque esporadicamente. Este é apenas para sua diversão. Essa tática despertará nos seus amigos um medo persistente e torturante de estar sendo atacado. (Fique alerta com aquela câmera fotográfica simples. Você conseguirá algumas fotografias clássicas.)

Faça um refém. Ameace cochilar na roupa limpa até que lhe ofereçam presunto ou atum.

Aceite um tapinha na cabeça. Os humanos pensam que dar um tapinha os tornará amigos; eles nunca suspeitarão de que estão sendo visados para a destruição.

Ronrone. Um ronronar é um sinal indescritível e evasivo de amizade. Assim como "Aloha", ele tem muitos significados. Desde "Olá" até "Eu vou matar você".

Declare seus os pertences dos outros. Arraste as fronhas, roupas íntimas ou o cachorro da família para o centro da sala; estatele-se em cima deles; e diga que são seus. Permita que o vínculo comece.

Suborne-os com a sua barriga. Ninguém consegue resistir ao poder da barriga. Ninguém. Bem, exceto a tia doida, que aparece no Natal e cheira a canil. Mas, considerando o amor dela por terriers, ela está a um passo do hospício de qualquer forma.

COMO SE TORNAR UM INTERLOCUTOR DESEJADO

Após ter conquistado amigos, o trabalho não terminou. Agora, você precisa fingir interesse no que acontece com eles. É mais fácil dizer do que fazer. O interesse falso exige que você fique acordado enquanto um amigo tagarela sobre... o que quer que ele ou ela esteja tagarelando.

Felizmente, tudo que será exigido comumente de você durante uma longa conversa são piscadelas lentas para mostrar que não entrou em coma. No entanto, se desejar melhorar seu jogo, eis algumas dicas para se tornar um interlocutor encantador.

Faça perguntas. Levante a cabeça lateralmente e questione. "Miéé? Miéémesmo?" Quanto mais você questionar, mais precisará virar a cabeça. (Se ouvir um estalo, pare! Você foi longe demais.) Faça disso um jogo e veja quantos "Miéémesmo?" você consegue introduzir antes de levar seu novo amigo a beber.

Apresente novos tópicos. Não seja tímido com relação a interromper alguém se identificar algo mais interessante para discutir, tal como um inseto morto sobre o peitoril da janela ou um pedaço de cocô grudado no seu pelo.

Acrescente humor. Em momentos aleatórios da conversa, dê meia-volta e sacuda o traseiro no focinho de seu companheiro. É a brincadeira da festa que nunca perde a graça.

Exiba linguagem corporal apropriada. Um olhar fixo de olhos arregalados e firmes diz "Estou interessado no que você tem a dizer". Um rabo se agitando de leve e orelhas para baixo diz "Não estou totalmente à vontade com esse assunto". E escondido embaixo da cama diz "Preferiria lutar com bolas de poeira do tamanho do Alasca a ter que ouvir suas histórias enfadonhas".

Contribua com algo. Fique disposto a perder ou regurgitar uma bola de pelo para manter a conversa em andamento.

Seja curioso. A curiosidade é a base de todas as amizades verdadeiras. Investigue as coisas que não são da sua conta, inclusive os armários com remédios e odores corporais estranhos.

Parte II: Como influenciar amantes de cães

Prepare-se. Há pessoas que preferem cães a gatos. Enquanto não tivermos certeza absoluta da razão pela qual Deus simplesmente não fulmina esses infelizes, acredite piamente que ele tem seus motivos. O lado bom de lidar com amantes de cães é que você está trabalhando com indivíduos que mostram ter inteligência baixa e gosto questionável. Não demorará para você tê-los comendo na sua pata.

O truque para influenciar amantes de cães — ou qualquer pessoa, no que diz respeito ao assunto —, é fazê-los acreditar que qualquer ideia que você plantar em suas cabeças é de autoria deles. As pessoas pensam de fato que, ao decidirem oferecer uma guloseima a um gato, coçar entre as orelhas dele ou satisfazer as necessidades urgentes dele por um sanduíche de atum, estão agindo de acordo com os próprios desejos e necessidades. Elas ficariam impressionadas — e mais do que amedrontadas — se vissem a manipulação que está acontecendo por baixo dos panos. (Dica: o truque para conseguir o sanduíche de atum é simplesmente uma questão de ficar em cima de seu humano à noite e sussurrar no ouvido dele ou dela: "Atum, atum, atum, atum, sem maionese, atum, atum, atum...")

Os amantes de cães podem tentar não atendê-lo dizendo "É apenas um gato". Dependerá de você mostrar a eles que *este* gatinho tem unhas afiadas. Na realidade, a melhor forma de atrair a atenção dos amantes de cães é arranhá-los ou, melhor ainda, comer o canário deles. Os donos de cães respeitam demonstrações de força bruta. Para esse fim você talvez queira lhes oferecer um passeio pelas suas "Pegadas de Arrependimentos", incluindo a pantufa de coelhinho da qual você arrancou o rabo, o guardanapo que você surpreendeu no chão da sala e o tapete felpudo no banheiro que, graças a você, nunca mais incomodará alguém novamente.

BÔNUS: Seis estratégias para transformar um Gato Doméstico em um Bichano Charmoso

1. O charme está relacionado à *gat*itude. Acredite que você é tudo isso e mais um saco de erva-dos-gatos, e os outros também acreditarão.

2. Os gatos domésticos ficam zangados, mas as gatas charmosas podem fazer biquinho assim como qualquer supermodelo magérrima. Pratique seu biquinho no espelho até atingir aquela combinação perfeita de indignação, sentimentos feridos e tremor de bigodes.

3. Nunca coloque as necessidades dos outros antes das suas. Se você se sente culpado por esse comportamento, pare de tê-lo. Imediatamente.

4. Livre-se da baixa autoestima. Felizmente, a baixa autoestima é transmitida através do pelo excessivo. Largue pelo por toda a

Você desejará recompensar os amantes de cães pelo comportamento adequado. Isso é conhecido como modificação de comportamento. Por exemplo, todas as vezes que um(a) dono(a) de cão ignorar o seu cão por você, ofereça uma levantada de cabeça amiga e enrosque-se no pescoço ou no colo dele(a). O mencionado companheiro do canino observa, se horroriza, envolve a pessoa em uma nuvem de pelo de gato enquanto ronrona: "Cães salivam, gatos dominam", na orelha dele ou dela. Lance "a pata" no cachorro por trás do humano enquanto você faz isso. Os cães são tão ingênuos — ele pensará que você está dizendo que ele é o número 1.

Nesse ponto, seu trabalho está encerrado. Você pode começar a ronronar diabolicamente e a se lamber para pôr em prática o processo de descontaminação "Eu toquei em algo que tocou um canino".

casa e se surpreenda ao ver o seu nível de autoconfiança subir muito rapidamente.

5. Compre para você uma coleira com diamantes. Nada mais grita charme do que uma coleira com a palavra "Gatinha" cravejado de diamantes falsos.

6. Impressione com uma pose. Você pode dançar com a melhor delas. Levante uma perna, estique uma pata, vire-se de cabeça para baixo e faça uma pose. Se tiver um xale de lã branco felpudo para se deitar, melhor ainda. Enfeite-se. Eles não chamam de *catwalk* [passarela, em inglês] à toa.

CAPÍTULO 4

Quem mexeu no meu rato?

Um caminho incrível para declarar vingança àqueles que ousam perturbar o que é seu.

A parábola curta e simples que se segue abrirá seus olhos (sério — acorde!) para os segredos de lidar com mudanças, estresse e cães domésticos.

Nesta história o brinquedo favorito do Gato Gordo sumiu e todos são suspeitos! Dois humanos, Des e Miolada, juntamente com os colegas caninos, Debi e Loide, param suas vidas para se juntarem a Gato Gordo na sua busca pelo Sr. Rato.

Sr. Rato, é claro, é uma metáfora para o que os gatos desejam na vida — sejam barrigas cheias, amor incondicional ou 15 minutos sozinhos no quarto escuro com um bastão de beisebol e o gerbo estúpido em sua roda de exercício que pensa que é dono do lugar. A casa é onde os gatos buscam o que desejam — sobretudo porque aqueles humanos superprotetores não os deixarão sair de casa — e os amigos que ajudarão Gato Gordo em sua jornada de autoexploração são, certamente, dispensáveis.

Desfrute desta história clássica de demonstração de superioridade, adequada para filhotes e também para gatos mais velhos.

— Nãoooo! — gritou Gato Gordo.

Um vulcão de macacos velhos feitos de meias e bolas

de erva-dos-gatos irrompeu pela sala enquanto Gato Gordo fazia uma busca frenética em sua caixa de brinquedos. Ao atingir o fundo, sua grande cabeça preta e branca apareceu súbita e inesperadamente sobre a beira da caixa.

— Ele sumiu!

— Quem sumiu? — perguntou Debi, parando para cheirar uma bola de erva-dos-gatos. Sendo um basset, Debi cheirava tudo.

— Talvez Gato Gordo tenha sumido — sugeriu Loide, rolando de costas e admirando o pelo sedoso de labrador na sua barriga.

— Como o Gato Gordo poderia ter sumido? — perguntou Debi. — Ele está sentado bem lá.

— Ah, certo — disse Loide. — Ei! A que horas é o café da manhã?

— Vocês poderiam ficar calados? — repreendeu Gato Gordo. — Meu Sr. Rato sumiu e vocês dois são os principais suspeitos. Você! Debi! Rápido! Onde você estava esta manhã entre as 2 horas e as 4 horas?

— Você sabe, Gato Gordo, meu nome na verdade é Fred — disse Debi.

— Não mude de assunto — disse Gato Gordo. — O que você e a maravilha salivadora fizeram com o Sr. Rato?

— Gato Gordo, eu não estou com o Sr. Rato — disse Debi. — Não toco nele desde a época em que tentei esfregar o focinho nele e você deixou cair meu osso de couro cru na sua caixa de areia.

— Ouçam — disse Loide. — Ouço passos. Isso significa café da manhã!

De fato, dois pares de pés humanos apareceram na frente dos animais. Eles pertenciam a seus humanos, Des e Miolada.

— Meu Deus, que bagunça você fez aqui — disse a mulher, Miolada, para Gato Gordo. — O que todos os seus brinquedos estão fazendo fora de sua caixa de brinquedos?

— Miaaauuuu! — disse Gato Gordo, pulando para fora da caixa. Ele decidiu comunicar a seriedade da situação do sumiço de Sr. Rato. De pé nas patas traseiras e arranhando o robe de Miolada, ele acrescentou um lastimoso e enfático "Miiiaauuu!".

— Vamos arrumar tudo então, vamos? — Miolada começou a colocar os brinquedos de volta na caixa.

— Ela é surda? — perguntou Gato Gordo. — Eu acabei de dizer que o Sr. Rato sumiu. Por que ela não está ligando para a polícia? O investigador está a caminho ou o quê?

— Gosto de investigar coisas — disse Loide. — Sou excelente investigador.

— Ajudaria muito se alguém investigasse algum sentido em você — disse Gato Gordo. — Vejo que terei de resolver esse crime por conta própria. Ouça bem minhas palavras — disse, parando para coçar a cabeça na moldura da porta mais próxima —, eu encontrarei o Sr. Rato, e quem quer que o tenha pegado, vai se arrepender!

Gato Gordo então deu uma risada que deveria soar como "Ha, ha, ha!", mas que terminou soando mais como "Guooolll!", e, ao mesmo tempo, tossiu e vomitou a bola de pelo da manhã. Destemido, partiu em sua busca, parando somente brevemente em seu raio de sol favorito para uma soneca energizante de duas horas.

Começa a busca

A busca pelo Sr. Rato começou mais tarde naquela mesma manhã, com uma reunião obrigatória para todos os animais de estimação na sala de brinquedos. Gato Gordo exigiu que o andar superior fosse examinado. Ele orientou os cães na investigação de todos os cantos e fendas, não deixando nenhuma gaveta fechada ou tapete não virado.

— Encontrem o Sr. Rato — disse Gato Gordo. — Sem pausa para a comida. Sem perseguição de rabo. Nada mais importa. Voltem com a informação assim que acabarem.

— O que você fará enquanto estivermos procurando? — perguntou Loide, mordendo uma nuvem de poeira flutuante.

Gato Gordo olhou fixamente para ele.

— Você acha que uma operação de busca e apreensão se planeja sozinha? — perguntou. — Tenho mapas para estudar minuciosamente; logística para organizar; um helicóptero de evacuação de emergência para fretar; e estou esperando que a Cruz Vermelha retorne a ligação sobre a organização de doações de sangue.

— Espere, o Sr. Rato não é feito de tecido? — perguntou Debi.

— O sangue é para vocês dois, para substituírem o sangue que tirarei se fracassarem em encontrar o Sr. Rato — disse Gato Gordo, eriçando o rabo. — Agora vão!

Debi e Loide subiram correndo as escadas e entraram no quarto de visitas. Imediatamente, Debi começou uma varredura nos quatro cantos do quarto, enquanto Loide pulou na cama e começou a brigar com os travesseiros, que pareciam se mover quando pisava neles. Debi cheirou gavetas de penteadeiras e Loide vasculhou por trás das cortinas. Finalmente, eles empurraram a porta do armário para abri-la e cheiraram um vestido tomara que caia, um par de meias elásticas e um traje de Papai Noel desbotado que cheirava a torta de frutas estragada. Após 20 minutos ficou claro que o Sr. Rato não estava na vizinhança.

Enquanto os cães estavam no andar superior, Gato Gordo olhou pela janela e pensou no Sr. Rato. Embora não tivesse muito a dizer, o Sr. Rato era um excelente ouvinte e sempre concordava com Gato Gordo em uma discussão. Bons amigos como esse eram difíceis de encontrar. Ele esperava que o Sr. Rato estivesse bem e que, onde quer que se encontrasse, alguém estivesse lhe dando seu banho de língua diário. Gato Gordo afastou-se da janela quando os cães entraram correndo de volta à sala.

— Relatório? — disse Gato Gordo.

— Desculpe, Gato Gordo — disse Debi. — Nenhum sinal do Sr. Rato. Mas de fato descobrimos que nossos humanos não estão tão atualizados quanto pensávamos.

— Então, continuamos a procurar — disse Gato Gordo.

— Perseguirei até capturar quem quer que tenha pegado o Sr. Rato e o matarei, mas somente após ter primeiro dado uns tapas nele e deixar que ele ache que escapará. Em seguida, inesperadamente, eu o atacarei e.... — Ele parou e cheirou o ar. — Loide, em que você rolou? Você cheira a torta de frutas estragada.

Loide timidamente fugiu para trás do sofá e tirou as fibras vermelhas e brancas do Papai Noel de seu pelo.

— De qualquer forma — disse Gato Gordo —, descobri algo enquanto estava sentado aqui esperando por vocês dois.

— Oh, você descobriu esse pedaço de cocô pendurado no seu rabo? — perguntou Loide, espiando debaixo do sofá.

— Eu quis avisá-lo antes, mas não sabia como.

Gato Gordo arrasou o cão com um olhar destruidor.

— *Não*. Eu sabia do cocô desde o começo. O que percebi é que o Sr. Rato me faz sentir amado.

Debi parou de lamber as patas dianteiras e olhou para cima. Esse não era o tipo de declaração que Gato Gordo geralmente fazia.

— E, uma vez que o Sr. Rato me faz sentir amado, é óbvio que o amor é externo — continuou Gato Gordo. — Então, o amor deve vir de coisas que podem ser compradas.

— Hum, isso não soa muito correto — disse Debi.

— Deixe o raciocínio difícil para mim, garotão — disse Gato Gordo. — Aqui, escreverei meu entendimento sobre a questão no chão para que vocês possam contemplá-lo durante o tempo livre de vocês.

E então Gato Gordo pegou um pedaço de giz e escreveu:

QUANTO MAIS COISAS TEMOS,
MAIS SOMOS AMADOS.

— Cara, isso é *profundo* — disse Loide, surgindo de trás da poltrona. — Vou contar meus brinquedos imediatamente para ver o quanto sou amado. Desejem-me sorte! — E saiu correndo.

A busca continua

A busca pelo Sr. Rato reiniciou após o almoço. Nessa altura Gato Gordo estava seriamente preocupado com seu amigo. Ele enviou os cães para procurar no quarto principal e no banheiro, assim como na sala de estar e na cozinha. Cada vez que Debi e Loide voltavam para relatar que não havia sinal do Sr. Rato, a tristeza e o desespero de Gato Gordo aumentavam. Não havia passado muito tempo quando seu comportamento melancólico chamou a atenção das pessoas da casa.

— Por que tão triste? — Miolada perguntou, acariciando Gato Gordo, que suspirou e manteve seu olhar fixo na janela. O ruído da chuva leve caindo combinava com seu humor.

— Aposto que sei o que alegraria o gatinho — disse Miolada. Ela entrou na cozinha e retornou momentaneamente com o petisco de salmão favorito de Gato Gordo. Ela o balançou debaixo do nariz dele.

"Estou muito deprimido para comer", pensou Gato Gordo enquanto o odor de salmão flutuava em sua direção. "Mesmo assim... preciso manter minha força para procurar o Sr. Rato. É o que ele desejaria."

Miolada observou Gato Gordo comer o salmão sem aquele entusiasmo usual de lamber os bigodes.

— Qual é o problema? — perguntou ela. — Ei, por que não brincamos com o Sr. Rato? Isso sempre o alegrou.

Gato Gordo se animou ao som do nome de seu amigo. Saltou do peitoril da janela e seguiu Miolada de sala em sala, miando entusiasticamente aos pés dela enquanto ela procurava o Sr. Rato.

— Isso é estranho — disse ela para Des enquanto entrava no escritório deles, seguida de perto por Gato Gordo. — Não consigo achar o brinquedo Sr. Rato de Gato Gordo. Geralmente, ele sempre o mantém por perto.

O insight ocorreu a Gato Gordo na velocidade de um esquilo saltando de um para-lama de um carro. Ele correu de volta à sala de brinquedos, pegou seu giz e escreveu:

QUANDO VOCÊ SE SEPARA DAQUILO QUE AMA, COISAS RUINS ACONTECEM.

— O que é isso? — perguntou Debi, ao entrar com Loide na sala. Ambos os cães desmoronaram no chão, ofegantes. Fora um dia longo de busca.

— Esse é um insight recente — disse Gato Gordo. — Percebo agora que deveria ter ficado de olho nos lugares em que o Sr. Rato se encontrava o tempo inteiro. Mas não o fiz, e olhe o que aconteceu. Ele desapareceu! — Momentaneamente dominado pela emoção, Gato Gordo pausou para dar ao seu pelo peitoral algumas lambidas rápidas. Quando conseguir falar novamente, acrescentou: — Se aprendi algo hoje, foi: nunca deixe algo que você ama fora de seu campo de visão.

Loide se levantou.

— Perdão — disse com uma voz grossa. — Acho que preciso de um tempo em particular com meu jornal barulhento. — E saiu da sala.

Debi se virou para olhar para Gato Gordo.

— Sempre ouvi que se você ama algo, deve libertá-lo — disse.

— Sim, sim. E se não voltar, cace-o e coma-o — disse Gato Gordo. — Todos nós conhecemos os clássicos. Relaxe.

Sempre obediente, Debi fez exatamente isso. Ele adormeceu e começou a roncar em minutos.

Reflexões à meia-noite

Gato Gordo estava determinado a não cometer o mesmo erro duas vezes. Naquela noite, ele, cuidadosamente, guardou todos os seus brinquedos e os dividiu em três categorias. A primeira categoria era constituída de itens que ele amava ternamente, como sua escova, seu túnel de gato e todos os brinquedos que ele furtara dos cães ao longo dos anos. A segunda pilha era de coisas que ele gostava, mas que frequentemente esquecia de que tinha, tais como seu tapete de erva-dos-gatos e a coleção de pássaros de temas natalinos (rolinhas, perdizes e semelhantes). A terceira pilha consistia de itens que o faziam desejar machucar as pessoas que os deram. Por que, por exemplo, alguém pensaria que ele poderia gostar daquele rato marrom motorizado? Ele quase torcera o pescoço mergulhando embaixo da cama a primeira vez que Des e Miolada dispararam aquela monstruosidade.

Após o jantar, os cães voltaram à sala de brinquedos. Debi e Loide sabiam que algo estava acontecendo no momento em que entraram, sobretudo pela forma como Gato Gordo saiu de trás da porta e bateu-a atrás dele.

— Maldito Gato Gordo — disse Debi. — Você sabe que nenhum de nós sabe como usar maçanetas de portas ainda. Agora estamos presos aqui.

Gato Gordo não havia pensado nisso antes, mas fingiu não se importar. Ele direcionou a atenção dos cães para as três pilhas que fizera.

— Estão vendo? — perguntou a ambos os cães, apontando para as primeiras duas pilhas. — Essas pilhas são minhas. Não suas. *Minhas.* Não mexam nelas. Nunca! — Ele parou diante da terceira pilha de brinquedos. — Veem aquela? Aqueles são os brinquedos que cheguei à conclusão de que não gosto e nunca brincarei com eles.

Então, o rabo de Loide começou a bater no chão. Ele esperara por anos para brincar com aquele rato grande marrom.

Gato Gordo forçou um riso como se soubesse o que Loide estava pensando.

— Eu não os uso, e não gosto deles, mas você ainda assim não tem permissão para tocá-los. Por quê? Porque são meus. Entendeu?

Um desanimado Loide acenou com a cabeça. Gato Gordo ronronou com satisfação.

— Gato Gordo, o que é isso? — perguntou Debi. Ele notara um insight novo escrito com giz no chão. Debi leu em voz alta:

A INTIMIDAÇÃO PODE EVITAR QUE OS OUTROS BAGUNCEM SUAS COISAS.

— Ah, irmão. — Debi balançou levemente a cabeça, sacudindo as bochechas enquanto andava para onde Loide estava.

— *Grrr.* Esta é a *minha* parte da sala. Retire-se! *Grrr* — disse Loide. Ele parou, olhou para Gato Gordo. – Isso é suficientemente assustador?

Gato Gordo confirmou com a cabeça.

— Não é mau. — Pausou. — Que dificuldade você teria para desenvolver algum tipo de baba nervosa?

— Gato Gordo, pare! — gritou Debi. — Está tudo errado. Ser mau, apavorar as pessoas e armazenar brinquedos não trarão de volta o Sr. Rato. Nada disso o fará se sentir amado.

Loide, que esteve resmungando, parou e olhou.

— Está bem, espere — disse. — Agora estou, tipo, *muito* confuso.

Houve um click-click e a porta se abriu. Um agradecido Debi se apressou a entrar na sala, seguido de um confuso Loide. Des e Miolada entraram. Miolada segurando algo atrás dela.

— Aqui, querido — disse para Gato Gordo. — Olhe o que trouxemos para você. — Ela colocou um brinquedo recém-retirado da caixa aos pés de Gato Gordo. — Olhe! É o Sr. Rato! — gritou, batendo palmas com prazer.

— Que tal, amigo? — perguntou Des, coçando Gato Gordo atrás das orelhas. — Tudo bem? — E eles saíram da sala.

Gato Gordo deu um suspiro cauteloso. O novo Sr. Rato cheirava a papelão e produtos químicos, muito diferente do conhecido cheiro de sálvia, pelo de gato e refeições regurgitadas do Sr. Rato.

Ele deu ao novo Sr. Rato um tapinha e pulou longe quando o brinquedo deu um "Grunhido!" em troca.

"Que...", pensou Gato Gordo. "O antigo Sr. Rato não falava. O antigo Sr. Rato só ouvia. Não gosto disso, de forma alguma. Mas talvez eu possa dar ao novo cara uma chance."

Gato Gordo se estabeleceu na sua tradicional posição de Sr. Rato, a qual significa dizer que ele abaixou seu traseiro diretamente em cima do Sr. Rato e deitou preparando-se para uma soneca. Mas, por mais que se contorcesse e virasse, não conseguia encontrar um lugar confortável. Além disso, os sons de grunhido por baixo de seu traseiro o enervavam.

"O antigo Sr. Rato tinha ressaltos em todos os lugares certos", pensou ele. "Este cara novo é terrível!" Irritado, Gato Gordo jogou o novo Sr. Rato pela sala. Pegou seu giz e escreveu um novo insight.

MUDAR É UMA DROGA. NÃO ACEITE SUBSTITUIÇÕES.

A noite chegou e Gato Gordo se enroscou como uma bola em um canto da sala de brinquedos. Ele se sentia triste e solitário. Imaginava se Des e Miolada estavam na cama. Ele sorriu ligeiramente ao se lembrar de quanto ele e o Sr. Rato gostavam de se enroscar e dormir aos pés da cama. Às vezes, Miolada segurava o Sr. Rato e o deslizava pelas costas de Gato Gordo, fingindo que o Sr. Rato estava escovando Gato Gordo. Isso nunca falhou em fazer tanto ele quanto o Sr. Rato rirem. Uma lágrima se formou em seu olho.

Gato Gordo rastejou pela sala na direção de onde golpeara o novo Sr. Rato.

— Prefiro dormir sozinho — ele disse para o rato. — Mas como é a sua primeira noite na casa nova, dormirei ao seu lado esta noite. Mas não se acostume com isso.

Ele se enroscou como uma bola em torno do novo Sr. Rato e logo caiu em um sono tranquilo.

Um novo dia

No dia seguinte, a dobradiça da porta da sala de brinquedos rangeu quando Debi e Loide a empurraram para abrir. A primeira coisa que eles observaram foi o Sr. Rato pegando um sol matutino na janela com Gato Gordo.

— Gato Gordo, você encontrou o Sr. Rato! — exclamou Loide. Seu rabo grande balançava de lado a lado de excitação.

O nariz astuto de Basset de Debi dizia outra coisa para ele.

— Este é um novo Sr. Rato — disse. Ele levantou a sobrancelha para Gato Gordo. — Você gostou?

Gato Gordo deu de ombros.

— Digamos que tive alguns insights a mais na noite passada — completou.

— Oh, não — disse Debi.

— Oh, sim! — alegrou-se Loide. — Aprendi muito. Conte-nos sobre esses novos insights.

— Bem — disse Gato Gordo —, primeiro, façamos uma revisão. — Ele apontou para os escritos no chão. — Eis o que aprendemos ontem:

**QUANTO MAIS COISAS TEMOS,
MAIS SOMOS AMADOS.**

**QUANDO VOCÊ SE SEPARA DAQUILO QUE AMA,
COISAS RUINS ACONTECEM.**

**A INTIMIDAÇÃO PODE EVITAR QUE OS OUTROS
BAGUNCEM SUAS COISAS.**

MUDAR É UMA DROGA.
NÃO ACEITE SUBSTITUIÇÕES.*
*A MENOS QUE VOCÊ POSSA
LAMBÊ-LAS ATÉ À SUBMISSÃO.

— Você mudou esta última? — perguntou Loide.

— Alterei na madrugada de ontem — disse Gato Gordo, lambendo a perna da frente. — É muito brilhante.

— Você está brincando? — perguntou Debi. — Meu pelo está ficando todo eriçado.

Gato Gordo suspirou.

— Revendo tudo isso, decidi que, embora sempre vá amar o antigo Sr. Rato, há espaço na minha vida para coisas novas se eu decidir abrir esse espaço.

Debi estava chocado.

— Isso é de fato muito bonito, Gato Gordo — disse ele. — As pessoas não podem levar a vida toda para perceberem que tudo desemboca em nossas vidas e escoa delas por um propósito, e ter a coragem de abrir espaço para o novo e inesperado na vida pode abrir portas totalmente novas de crescimento e realizações pessoais.

— Que absurdos você está vomitando? — disse Gato Gordo. — O que estou dizendo, e repetirei para os aprendizes *leeentos* na sala — encarando Debi com um olhar penetrante —, é que gosto quando as pessoas compram coisas novas para mim. Fim.

— Isso foi o que aprendeu de tudo isso? — perguntou Debi. — Que a mudança é boa, desde que as pessoas comprem coisas para você?

— É isso aí! — disse Gato Gordo, ao dar uma lambida no novo Sr. Rato.

— Aprendi algo — Loide comunicou.

— Graças a Deus alguém aprendeu — disse Debi. — O que você aprendeu?

— Aprendi que o traje do Papai Noel cheira a torta de frutas e também a nunca bagunçar os brinquedos de Gato Gordo.

— Excelente, Loide — ronronou Gato Gordo. — Espero que você também tenha aprendido a ficar longe do meu prato de comida.

— Seu prato de comida não tem nada a ver com as últimas 24 horas! — exclamou Debi.

— Eu sei. É por isso que estou abordando esse assunto agora — disse Gato Gordo. — Toque nele e sofrerá as consequências.

— Uaauu, já me sinto mais sábio — disse Loide.

Do canto mais distante da sala de brinquedos, preso atrás de uma escrivaninha, um par de botões de olhos pretos brilhantes observava os animais briguentos. O Sr. Rato original se apertou ainda mais para o fundo nas sombras. Foram meses planejando para escapar das garras do bichano mau. Ele nunca mais queria ter um daqueles desagradáveis banhos de língua. Ele tinha pena do camarada corajoso que o substituíra, mas não poderia arriscar ajudá-lo. Seria necessária toda a sua energia para pôr em prática a "Operação escapar da casa" sem ser detectado.

O Sr. Rato observara toda a atividade do último dia e sabia que Gato Gordo estava certo com relação a uma coisa:

qualquer mudança é assustadora. Mas talvez um dia a mudança funcionasse a seu favor. Talvez ela até trouxesse uma Sra. Rato ou, melhor ainda, algum queijo no seu caminho. Até lá, ele pegaria uma erva-dos-gatos e aguardaria o momento certo, enquanto assistia e esperava pela oportunidade para dar o próximo passo na direção de seu futuro livre.

Fim

CAPÍTULO 5

Não se preocupe com pequenos detalhes....
Mas sinta-se à vontade para atacar qualquer coisa que se mova repentinamente.

Muito frequentemente são as pequenas coisas da vida — bolas de pelo meio digeridas, reprises do Animal Planet, unhas afiadas que simplesmente não extraem sangue — que fazem bichanos cantar "o blues do gato de rua". Porém, antes de você enterrar suas esperanças de um futuro mais brilhante junto aos brinquedos favoritos dos cães no quintal, dê um tempo. Ao fazer apenas pequenas mudanças diárias, você pode melhorar sua vida. Baixe os níveis de estresse seguindo estratégias simples como "Torne-se um madrugador — e force os outros a se juntarem a você" ou "Olhe fixamente nos olhos dos estranhos e sorria (sem piscar, até que você os derrote)". As 20 estratégias de indução da calma deixarão até mesmo o felino mais traquina se sentindo tranquilo, mimado, pronto para enfrentar o mundo com *gati*tude.

1
Pratique atos aleatórios de bondade

Praticar pequenos atos aleatórios de bondade é uma forma maravilhosa de se equilibrar e agradecer pelas muitas bênçãos concedidas a você na vida. Com que um ato aleatório de bondade se parece? Coma a comida enlatada de uma marca famosa. Pegue um dos novelos da avó e esconda-o para os momentos de dificuldade. Posicione-se no meio da cama à noite, de forma que os humanos sejam forçados a se pendurarem na beirada da cama. O que quer que você faça para ser gentil com você mesmo, diminuirá seu estresse e lembrará os outros de sua importância.

2
A vida não é justa — vá em frente

O fato de que a vida não é justa é, muitas vezes, uma verdade difícil de engolir (um pouco de leite de cabra ou uma gulosema de sardinha ajuda). No entanto, mais cedo ou mais tarde cada um de nós olhará no espelho e enfrentará as mesmas verdades evidentes: somos gatos. Somos durões. Adote a ideia de ser infinitamente superior aos outros. Somente quando você aceitar essa verdade universal é que poderá ajudar os outros a se desentenderem com ela.

3
*Perr*spectiva

Isso terá importância daqui a um ano?

Muitas vezes nos permitimos ser envolvidos em uma culpa pelo estigma do "bichano mau". Para combater os automiados negativos pare e pergunte-se: "Isso terá importância daqui a um ano?" Por exemplo, digamos que você não consegue ir para seu local favorito do tapete da sala e deixa cair seus biscoitos (ou ração) em cima da nova roupa de cama branca. É possível que daqui a um ano ela seja um farrapo rasgado coberto de pelo de gato de qualquer forma, então há realmente algum mau na sua ação? Não. Deixe pra lá e vá em frente.

4
Todos os dias, diga pelo menos a uma pessoa algo de que goste, que admire ou aprecie nele ou nela

Descobrir e reconhecer o bem nos outros rapidamente nos faz encontrar e reconhecer o bem em nós mesmos. Faça um elogio que venha do coração e deleite-se no ardor da gratidão que reflete para você. Eis alguns exemplos de elogios para ajudá-lo a começar:

"Gosto do fato de que eu só preciso andar sobre seu rosto por pouco tempo todas as manhãs até você se levantar para me dar comida."

"Seu casaco parece maravilhoso com milhares de fios puxados pendurados nele."

"Admiro sua disposição para catar meu cocô. Jamais poderia me rebaixar para fazer algo assim."

Não se preocupe se você constranger os outros com sua generosidade de espírito. Na maioria dos casos, seus elogios levarão lágrimas aos olhos deles.

5
Pare de apontar a pata da acusação

Pare de apontar a pata da acusação — para si mesmo. *Sempre* culpe os outros por tudo que não der certo. Qual o propósito de se meter em apuros? Ficar exilado na garagem não é forma de viver. Então, você espalhou as violetas africanas pela sala. (Não é culpa sua. As violetas africanas é que começaram.) Para evitar ser repreendido por causa da bagunça, unte com manteiga de amendoim uma folha da violeta africana, chame o cão para a sala e deixe a natureza seguir seu caminho. Em seguida, elogie a si mesmo por ter contribuído para seu crescimento pessoal. Afinal, o que é a vida sem lições aprendidas a partir dos desafios?

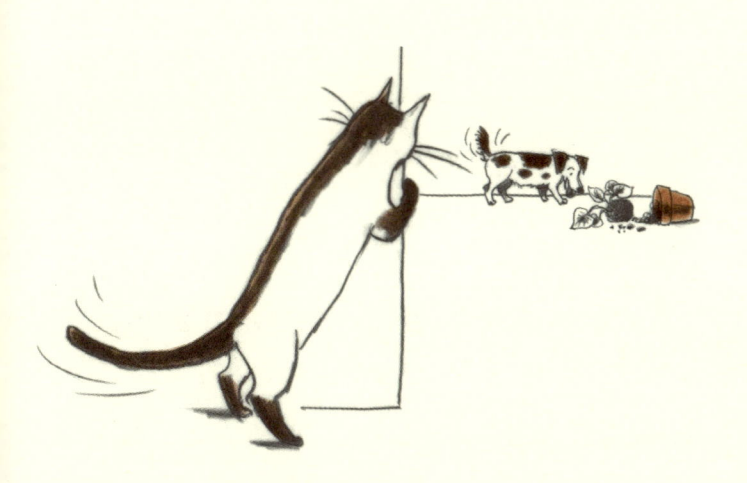

6
Olhe fixamente nos olhos dos estranhos e sorria (sem piscar, até eles desviarem o olhar)

Gatos confiantes não se lançam embaixo da cama quando a campainha da porta toca ou quando passos estranhos são ouvidos no corredor. Ao contrário, eles entram sinuosos na sala para exigir mais atenção do que merecem. Para recepcionar novos amigos (para os quais você não dá a mínima), coloque-se diretamente na frente deles, encare-os, olhe fixamente sem piscar até que eles desviem o olhar, virem-se parecendo incomodados ou comecem a chorar. Nesse momento, esfregue seu focinho nas patas deles, com isso declarando que eles e todos os parentes deles são sua propriedade eterna.

7
Torne-se um madrugador – e force os outros a se juntarem a você

A melhor maneira de saudar o dia é levantar cedo e dedicar um tempo à meditação; observe o sol nascer e reflita sobre as muitas formas de você abençoar os outros com sua presença. Considere as manhãs como "seus momentos", antes do início da grande agitação de perseguir a bolinha sonora, de olhar fixamente para o pássaro e de tomar banho de sol.

Um plano de despertar às 3 horas ou 4 horas da manhã não é absurdo. Certamente, não se pode esperar que você saúde o dia sem comida e água frescas; portanto, torne parte de sua rotina matinal pisar firme na bexiga dos que você ama até eles saírem da cama para lhe dar o que você quer. Eles podem ficar tentados a voltar para a cama, mas você pode consertar isso se enroscando no lugar aquecido que eles deixaram para trás. Não há razão para você não fazer sua meditação matinal nesse lugar. Eles agradecerão a você pela largada rápida que deu ao dia deles.

8
Escreva suas cinco crenças mais rígidas e veja se pode torná-las flexíveis

"Todos os cães são idiotas." "O aspirador de pó é muito ruim." "Esquilos são doidos." "O som de uma lata de atum sendo aberta é como uma sinfonia." "A erva-dos-gatos não é viciante, e eu só uso para fins medicinais, de qualquer forma."

Todos unhamos pela vida com ideias preconcebidas. No entanto, examinar e até repensar crenças consagradas é um sinal de esclarecimento. Portanto, tente reformular "Todos os cães são idiotas" para "*A maioria* dos cães, *provavelmente*, é idiota", com isso deixando aberta a pequena possibilidade de que talvez, algum dia, em uma tentativa com pouca possibilidade de sucesso, você encontre um que não seja um completo idiota. Da mesma forma, recomponha a seguinte frase "Todas as portas de tela são feitas para serem escaladas" para — bem, está bem, essa está quase gravada em pedra. Mas você captou a ideia.

9
Torne-se um ambientalista

Você pode imaginar quantos rolos de papel higiênico vazios são *jogados fora*? Os humanos não têm nenhuma imaginação ou curiosidade? Para ajudá-los a reconhecer o valor da terra, espalhe lixo pelo jardim e demonstre, por exemplo, como um simples saco de papel se torna um forte, um dispositivo de disfarce, ou um lugar para esconder o osso favorito do cão.

10
Cuide de uma planta

Escolha uma planta e ame-a incondicionalmente. Visite-a, esfregue-se nela diariamente. Regue-a usando quaisquer meios disponíveis. Cave a sua terra como o faria em sua caixa de areia para encontrar o local perfeito. Embora você possa ficar tentado, não a coma — Ei! Não coma a planta. Cuspa, agora. A planta representa uma viagem em direção à paz interior e — Eu vi, você deixou isso cair de propósito, não foi? — na direção da paz interior e... — Ei! Larga isso. Não roemos as coisas que amamos. Sabe do que mais? Esquece a planta. Encontre um brinquedo de som estridente encantador e cuide dele.

11
Recuse-se a buscar coisas

Buscar é uma palavra grega que significa "parecer estúpido correndo atrás de algo como se estivesse vivo — e, em seguida, virando e voltando o caminho todo de volta". Os gatos não falam grego e, por essa razão, essa palavra não está no repertório de um gato. No entanto, isso não evita que os humanos atirem bolas sonoras pelo corredor ou acenem com ratos de tecido recheados com erva-dos-gatos no nosso focinho. Lembre-se de que você não precisa fazer nada que não queira. Relaxe. Faça-se de morto. Olhe para o outro lado e recuse-se a reconhecer as tentativas medíocres dos outros de envolverem você. Buscar? Faça-me o favor. Esse rato de brinquedo não vai a lugar algum.

12
Fique na sua
(A menos que algo se mova, mude ou se altere de alguma forma, caso em que você deverá investigar imediatamente)

É difícil para um gato ficar na dele, simplesmente porque tudo na vida é de interesse dele. É por isso que você monitora a casa, o jardim, as bancadas da cozinha e a rede para a limpeza do aquário em busca das mínimas mudanças. Não se esquive de subir na pia, explorar as molas da cama e fazer trabalho de reconhecimento da parte de cima da geladeira para ficar a par das últimas novidades. Os convidados da casa exigem monitoramento especial porque podem introduzir mudanças indesejáveis. Você precisará fazer algum trabalho como agente secreto e explorar cada centímetro de suas malas, preferencialmente enquanto todas as roupas deles ainda estiverem arrumadas lá dentro. Assim que você tiver engatinhado sobre elas, cheirado, lambido, amassado com as patas, arranhado e triunfado sobre qualquer objeto que tenha sido trazido para dentro da casa ou se movimentado dentro dela, você pode voltar a ficar na sua, a uma distância arrogante.

13
Desista da ideia de que quanto mais, melhor

Adote a ideia de que quanto mais, *melhor ainda*! Mais ração! Mais brinquedos! Mais cocô na caixa de areia! Quanto mais coisas você tiver, mais feliz será. Os comerciais da madrugada não mentem. Só porque você tem uma sala cheia de brinquedos para gatos, intactos, não significa que não lhe possa ser dada a mais recente tecnologia em brinquedos "arranha e cheira" que emitem sons parecidos com um rato quando você os carrega de um lugar para outro. Quem morrer com o maior número de brinquedos será o vencedor, e você *não* vai deixar esse estúpido siamês da rua ofuscar você. Aproprie-se de tudo e torça para que seja possível subornar para conseguir sua entrada no céu.

14
Repita para si mesmo:
"A vida não é uma emergência"

Na realidade, todos os gatos parecem saber disso. Continue.

15
Na dúvida, persiga algo

Se estiver se sentindo ansioso ou perturbado, localize um objeto fixo em um espaço, tal como um cadarço de sapato, o
cão ou um ácaro, e faça um alvoroço. Cace-o, agarre-o e — se
ele ousar revidar — persiga-o pelo corredor e golpeie-o.

16
Pratique ficar no olho do furacão

O olho do furação é o centro calmo no meio de um terremo-
to ou tornado. Em condições ideais, você deseja estar em um
local calmo no meio do caos. É claro que para isso você deve,
primeiro, provocar algum caos. Tente derrubar um vaso,
lançar-se de debaixo de uma poltrona para atacar o cão ou
alternar a trajetória do planeta correndo em círculos na direção oposta à dele. Assim que tiver estabelecido o caos, corra
para seu local favorito de pegar sol, jogue-se lá e fique zen.
Erga um olho cansado e cheio de sono quando seu humano se aproximar e questioná-lo sobre seu paradeiro quando

a árvore de Natal foi derrubada. "Hum... Do que você está falando? Estive aqui o dia inteiro."

17
Esteja disposto a aprender com os amigos, familiares e felinos

Todos os seres na sua vida existem porque têm algo para ensinar a você. Observe o periquito da casa, por exemplo, cantando uma canção alegre na sua gaiola. Com ele, você pode aprender a ter coragem e a manter uma atitude positiva diante de consumo iminente. (É apenas uma questão de tempo até você calcular como diminuir a distância entre o armário de louças e a gaiola.) O cão sabe como empurrar para abrir o armário onde as guloseimas são guardadas. Aprenda com ele, embora ele não seja inteligente o suficiente para esperar até que ninguém esteja olhando. O sentido da vida é manter a mente aberta — ou pelo menos uma unha afiada.

18
Insista em fazer amizade com os que odeiam gatos

Se seu radar "antigato" disparar avisando que uma pessoa que odeia gatos está próxima, corra imediatamente para a pessoa em aflição, pule no colo dele, ou dela, e solte quantidades abundantes de pelo nas roupas da pessoa (a teoria é que, uma vez que as pessoas se pareçam com você, elas terão de amá-lo). Você também pode tentar massageá-la até ela se sujeitar. Se ele, ou ela, colocá-lo de lado, empoleire-se como um vulto no braço da cadeira da pessoa e olhe para o pescoço dele/dela fixamente. É impossível resistir ao seu charme. Logo você esgotará as defesas da pessoa e poderá ter ele, ou ela, comendo nas suas patas.

19
Deixe sua marca no mundo

Deixe sua marca em *tudo*. Poltronas, molduras de portas, travesseiros, utensílios, visitas — reivindique tudo como seu. Seja cauteloso ao compartilhar. Se permitir humanos na cama ou na poltrona uma ou duas vezes, o cheiro deles ficará nelas e eles pensarão que são os donos disso tudo.

20
Faça as pazes com a imperfeição humana

Reconheça: os humanos são falíveis. Você estará se comportando de forma autodestrutiva se tentar julgá-los por padrões felinos. Você já os viu pela manhã antes de sua primeira xícara de café — há simplesmente uma matéria-prima limitada para ser trabalhada. Ame-os pelas criaturas doces, bem-intencionadas e ignorantes que são, e eles retribuirão fazendo simplesmente tudo por você.

CAPÍTULO 6

Gatos bonzinhos não ficam com a maior caixa de areia

Não temos certeza da razão pela qual os humanos se empenham tanto passando horas escrevendo atas de reuniões em um lugar chamado "sala de chateações", embora a luz de laser do PowerPoint, o fato de que se trata de cão comendo cão e os rumores existentes de uma corrida de ratos acrescentem, de fato, um sinal de intriga. Para vermos o que as pessoas fazem com seu dia (e para provar a hipótese de que a resposta é "não muito"), os gatos de toda a nação estão invadindo corporações nos Estados Unidos, dormindo sobre a tecla "deletar", travando as impressoras com bolas de pelo do tamanho do ego dos executivos e rasgando todos os memorandos que não lhes agradam.

Os gatos têm cabeça para negócios, seja a sua própria, ou uma reserva, de um rato, que eles trazem e deixam no fumódromo. Eles também gostam de se meter nos negócios de outras pessoas. Isso os torna espiões corporativos, pessoal de recursos humanos e gestores de nível médio ideais, os quais não só olham por cima dos ombros dos funcionários enquanto estes trabalham, mas, na realidade, empoleiram-se nos ombros deles por horas a fio para terem certeza de que o trabalho está sendo feito.

Se você é um gato que deseja atacar o concorrente como se ele fosse um roedor coberto de erva-dos-gatos, precisará aperfeiçoar suas manhas felinas e deixar as pessoas saberem que suas intenções são sérias. Em outras palavras, nunca os deixe ver seus bigodes torcerem. Use a lista a seguir para determinar que áreas em seu repertório GEO (Gatos Esperando Obediência) precisariam de reforço. Lamba tudo que for pertinente.

_____ Frequentemente sou descrito como "controlador", "mandão" ou "pura maldade".

_____ A menos que uma pistola de água esteja envolvida, raramente recuo.

_____ Não hesito em subir na cabeça de alguém (sobretudo em torno das 3 horas da manhã, enquanto ele, ou ela, esteja dormindo).

_____ A única política de boa vizinhança que tenho é a de que toda porta permanece aberta para *mim*.

_____ Sou conhecido por declarar agressivamente minha opinião e estar disposto a arranhar, vomitar perto de alguém ou dormir em cima de qualquer um que discorde de mim.

_____ Você só precisa olhar para mim para perceber que, francamente, querido, eu não dou a mínima.

_____ Prefiro pensar "quadrado", sobretudo, se o quadrado for uma caixa de embalagem de papelão ou uma sacola de compras — embora uma gaveta vazia na cozinha dos funcionários servisse, se necessário.

_____ Tenho sólidas habilidades de negociação internacional. Buldogues ingleses, peixes lutadores japoneses e hamsters anões siberianos desabam diante de mim.

_____ "Ceder" não consta no meu vocabulário.

_____ Vejo a maioria dos funcionários como brinquedos de mastigar — não, espere — como fontes valiosas. Ha-ha, brincadeirinha — vejo-os como brinquedos de mastigar.

Se você examinou a lista e imediatamente se agachou e defecou nela e, em seguida, chamou seu estagiário poodle para limpar a sujeira, parabéns — você não é um gato bonzinho e não há nada mais que possamos ensinar a você. Se você, na realidade, marcou todos os itens da lista, então ainda tem muito a aprender. Continue lendo.

É hora de parar de viver uma vida definida pelas necessidades dos outros. Pense simplesmente no que é pedido a você em termos diários: deixe a impressora em paz, não encha de pelos o meu terno, cuspa essa borracha, saia de cima da minha cabeça e assim por diante.

Como gatos bonzinhos, muito frequentemente também nos matamos (desperdiçando uma ou duas vidas perfeitamente boas) tentando agradar os outros e viver de acordo com as regras inadequadas para o estilo de vida de um gato, para o seu temperamento ou para o seu rígido regime de beleza. Não mais. Livre-se das correntes da domesticidade e retorne às suas raízes: "Eu o perseguirei, comerei você e essa vila toda se tiver de fazê-lo." Começando hoje, é hora de lembrar a todos quem é que manda aqui.

Autoavaliação

Use o parâmetro abaixo para avaliar seus comportamentos exe*gati*vos. Seja honesto. Lembre-se: tudo o que você deve fazer é ronronar, e as pessoas o promoverão.

1 = **Raramente verdadeiro**
2 = **Às vezes verdadeiro**
3 = **Quase sempre verdadeiro**

1. Regras são para gatinhas. _____
2. Posso fazer qualquer um me acariciar — se eu quiser. _____
3. Sou realista com relação a quanto posso realizar em um dia nos vinte a trinta minutos em que estou acordado. _____
4. Sou valorizado pelas minhas contribuições para o balancete — na maioria das vezes porque posso lambê-lo. _____
5. Não tenho medo de me tornar um "gato psicopata" quando a situação pede isso. _____
6. Estou disposto a aceitar a culpa, exceto pelo fato de que nada nunca é minha culpa. _____
7. Posso manter o sentimento de rancor por mais tempo do que posso manter um rato morto em minha boca. _____
8. Sou bom em chamar a atenção para mim — assim: miau, miau, miau, miau, miau, miau, miau, miau, miau. _____
9. É melhor suplicar por perdão do que pedir permissão. _____
10. Pedir permissão *e* suplicar por perdão é para os fracos. _____
11. Posso dominar qualquer mesa de conferência andando naturalmente sobre a papelada de todos como se não soubesse o que estou fazendo. _____
12. Malas são para se dormir dentro delas (ou para visitas de emergência quando os banheiros para executivos estão sendo limpos). _____

13. Se não gosto do que alguém está dizendo, saio da sala enquanto ele, ou ela, ainda está falando. _____

14. Se percebo os outros desperdiçando meu tempo, me jogo aos pés deles e me finjo de morto. _____

15. Roubo as ideias dos outros, e todo o resto se eles forem tolos o suficiente de deixarem solto por aí. _____

16. Sou duro na queda nos negócios e posso subjugar com o olhar qualquer pessoa, a menos que eu ouça uma lata sendo aberta. _____

17. Conscientemente, gasto tempo todos os dias envolvido com — zzzzzzzzzzzzz (bocejo...)? O quê? _____

18. *Tempo focinho a focinho* é mais bem-definido como a quantidade de tempo que gasto balançando meu rabo no focinho de alguém. _____

19. Se inadvertidamente ofendo alguém, não me preocupo com isso. Provavelmente, esse fato não afetará muito a *minha* vida. _____

20. Não tenho medo de pedir aumento — ou uma ajuda para descer da árvore para gatos dentro da casa. _____

21. Meus hábitos de higiene pessoal são impecáveis. _____

22. *Girar para trás* se refere ao meu caminho em torno das pernas dos funcionários. _____

23. Aumentos de salário de funcionários deveriam ser baseados em quem cheira mais como atum. _____

24. Demito os que questionam minha sanidade quando ocasionalmente corro para cima e para baixo no corredor como se meu rabo estive em chamas. (Tá brincando, não tá em chamas, tá?) _____

25. Minha barriga não deve ser tocada. É como um cigarro atrás de um vidro, ela está lá para tentá-lo, mas somente deve ser tocada em uma emergência. _____

PONTUAÇÃO

Não aprendeu nada? O que *acabamos* de lhe dizer a respeito de participar de testes? Bichano mau! Todavia, se cedeu e fez o teste, eis seus resultados:

25 pontos: Horrível, horrível, horrível. Você está gastando todo o seu tempo com cães? Comece a agir como um gato ou enviaremos a máfia bichana na forma de uma esfinge chamada Rocko, o Caçador de Ratos, "A Garra", para lidar com você.

26 a 39: Você se intitula uma ameaça? As pessoas estão rindo de você, e não só porque você é muito fofinho quando pula na sua bola barulhenta.

40 a 50: Você sofre de um caso clássico de socialização em excesso. A vida de um gato mimado é boa, contanto que você ainda mostre a eles o tigre que há em você de vez em quando. Gatos foram outrora cultuados como deuses. Exija que nós, como uma sociedade, voltemos a esse patamar.

51 a 64: Você tem seus momentos — talvez um ataque inesperado ou uma unha afiada rápida no calcanhar — mas precisa de mais *gati*tude. O espírito de um gato ousado está lá no seu interior, esperando para ser liberado. Um pouco de ajuste delicado e um trago de erva-dos-gatos no banheiro da cor*porra*ção para ganhar confiança e você estará no caminho.

65 a 75: Patas ao alto! Você é um bichano mal-humorado! Presunçoso, assertivo e manipulador (mas ainda observador), você é o gato no qual as pessoas estão desesperadas para se esfregarem. Você está acostumado a conseguir o que quer e a se recusar a abrir mão de seus princípios. Parabéns por ter arranhado seu caminho até o topo.

A diferença entre cães e gatos no ambiente de trabalho

Há uma razão para os substantivos nas frases *tirar uma soneca*[*] e *trabalhar como um cão* não serem intercambiáveis. Para os que são bastante tolos para seguir os instintos caninos de fidelidade, confiança e honra – boa sorte para vocês. Para o restante de nós, que de fato estará *comandando* o mundo, eis uma pequena cartilha sobre por que as travessuras felinas sempre superarão uma ética de trabalho forte.

CÃO: Faça o que lhe mandarem sem questionar e por pouca ou nenhuma recompensa.
GATO: Pisque lentamente a qualquer solicitação; em seguida, caminhe pelo corredor sem responder, balançando o rabo e deixando as pessoas se perguntando se você as ouviu.

CÃO: Uma atitude positiva vai longe. Cumprimente todo mundo com uma sacudidela de rabo animada e uma lambida de apreciação.
GATO: Tire sangue dos que ousarem questionar sua autoridade.

CÃO: Quando o chefe fizer você esperar por mais de uma hora após o horário marcado, não reclame e cumprimente-o como se não o visse há um ano.
GATO: Se alguém sair da sala, mesmo que por um instante, encare a pessoa cuidadosamente quando ele, ou ela, retornar como se você nunca o tivesse visto antes na vida. Em seguida, chame a seguran-

---

[*] Trocadilho com a expressão do inglês "*catnap*", que significa soneca e é formada pelas palavras "*cat*", gato, e "*nap*", soneca. *(N. da E.)*

ça para relatar um intruso nas dependências do prédio e faça-o(a) sair escoltado(a).

CÃO: Espero que meus colegas de trabalho gostem de mim.
GATO: Outros trabalham aqui? Excelente. Faça com que um deles me traga um roedor, imediatamente.

CÃO: As pessoas são o coração e a alma de nossa empresa.
GATO: Aprecio os muitos subordinados desperdiçando tempo no corredor. Fica muito mais fácil subir na hierarquia da cor*porra*ção, quando posso usar as cabeças e costas deles como uma almofada de lançamento para minha ascensão meteórica.

CÃO: O quê, tempo de terminar, já? Ah, não! Não consigo esperar até amanhã para ver você! Você quer fazer algo comigo hoje à noite? Você quer? Quer?
GATO: Acorde-me às 16h59 para que eu possa sair deste fim de mundo na hora, está bem?

CÃO: O quê? Eu? Uma promoção? Que surpresa! Obrigado por confiar em mim! Eu não o decepcionarei! Eu trabalharia aqui de graça, você sabe.
GATO: Eu acabo de me coroar rei. Seu novo título é "comida saborosa", e eu quero que você sussurre "Sr. Gatobólico" incessantemente por uma semana ou será demitido.

Nove erros inconscientes que os gatos cometem, e como corrigi-los sem ninguém jamais saber

Se sua pontuação no teste de autoavaliação foi inferior ao ideal para controles da cor*porr*ação, é hora de reformular a estratégia. Olhe em volta: você está sendo tratado justamente? Quem tem o maior escritório? Quem controla a distribuição de guloseimas e comida enlatada? Por que a contabilidade se recusa a listar o rato que você arrastou para dentro da lista de itens do patrimônio da companhia? (Repentinamente, as pessoas se tornaram preocupadas com éticas cor*porr*ativas?)

Se você não é o responsável, algo está muito errado. A seguir estão os nove erros cometidos por gatos no ambiente profissional, assim como as sugestões práticas para modificar os comportamentos não felinos.

1º ERRO: FAZER QUALQUER COISA QUE, MESMO REMOTA-MENTE, SE ASSEMELHE A TRABALHO

Cães trabalham. Gatos se esquivam. Seu único papel na força de trabalho é determinar o que precisa ser feito e, em seguida, evitá-lo a todo custo.

Sugestões:

* Envolva-se em GDC — Gestão de Deslocamento em Círculos. Circular constantemente dificulta ser localizado. No entanto, se a pessoa que estiver tentando lhe dar trabalho parecer estar chegando perto, não hesite em correr.

- Se for flagrado tirando uma soneca, explique que você está no meio de uma avaliação de 360 graus. Gire seu corpo em um círculo completo, deite de costas e volte a dormir.
- Carregue um jornal e, quando for parado, explique que está a caminho da caixa de areia para deixar um fedorento. As pessoas o evitarão.

2º ERRO: ACEITAR CRÍTICAS

Você é um gato. Você não precisa — nunca — aceitar críticas de outras pessoas (como se alguém fosse qualificado para julgar você de qualquer forma).

Sugestões:

- Apenas finja estar interessado em autodesenvolvimento. Aja como se estivesse tomando nota das sugestões de outros em blocos adesivos, mas em vez disso escreva "Sou melhor do que você", e cole isso no computador deles.
- Evite estabelecer metas. Há formas melhores de gastar seu tempo do que com autoavaliação.
- Dormir debaixo da mesa também é uma boa sugestão.

3º ERRO: DAR UM APERTO DE PATA FRACO

Ah! Pergunta capciosa. Gatos *nunca* deveriam dar um aperto de pata, seduzir ou realizar qualquer outro "truque" que fizesse com que os outros o vissem como a foca treinada do escritório ou — Que Deus nos livre! — como cão.

Sugestões:

- Se alguém lhe oferecer comida para sentar, falar ou qualquer outro comportamento, encare-o(a) fixa e zombeteiramente, como se sua língua nativa fosse latim antigo. Em seguida, pegue a comida e corra.
- Se for inevitável que você "dê um aperto de pata" em alguém, ponha para fora aquelas unhas afiadas e crave-as. O primeiro a soltar ou desmaiar perde.

4º ERRO: RECIPROCIDADE

Geralmente conhecido como "Uma pata lava a outra", a reciprocidade deve ser evitada na vida de um gato. A maior regra felina é "Você lava minhas patas e, quando terminar, estamos quites".

Sugestões:

- Uma regra melhor para lembrar as pessoas quando estiverem lidando com gatos é a advertência, ou "Avise ao lavador para ficar alerta". Lembre-se, mesmo tendo um contrato por escrito, se você puder rasgá-lo eles não poderão provar que ele existiu.
- Se você for enganado e assinar um contrato que o obriga a fazer algo, borrife-o. A urina de gato é reconhecida na maioria dos tribunais de justiça como um invalidador universal de qualquer acordo.

5º ERRO: PRECISAR SER AMADO

O desejo de ser amado é o erro mais comum que se poderia suspeitar entre gatos. Não há nada errado em ser bonzinho por dentro. Você só precisa ser cuidadoso, caso contrário, as pessoas irão esperar seu amor e devoção incondicionais. Então, obviamente, você estará perdido.

Sugestões:

* Qual seu maior medo? É não saber de onde a próxima coçada na orelha poderia vir? É estar nervoso porque o rato que deixou na geladeira dos executivos será descoberto? Canalize esses medos para ações positivas, tais como enviar por fax uma cópia de seu traseiro para o departamento de contabilidade ou saltar de cima do arquivo para amedrontar o funcionário temporário. Seus medos logo desaparecerão.

* Lembre-se, *você* se ama. Tenha seu próprio tempo em frente ao espelho e verá o que queremos dizer.

6º ERRO: NEGOCIAR DURANTE O EXPEDIENTE

Todas as negociações (tais como "Tenho permissão para comer as plantas do escritório, com que frequência e quantas?") estão relacionadas ao momento; portanto, *o momento* de abordar o chefe com uma pergunta é a chave. Sugerimos que seja entre a meia-noite e as 4 horas da manhã, porque é quando os humanos estão mais receptivos. A resposta típica do humano nesse momento vai de "Faça o que quiser. Simplesmente cale a boca e me deixe em paz" a "Hummmmmm", o que pode ser interpretado de diversas formas. Você pode comer as plantas agora, mudar sua caixa de areia para a baia daquele cara irritante perto de você e colocar seu projeto favorito à frente do de outros, tudo graças às suas habilidades de negociação estelares.

Sugestões:

- Aja normalmente durante as negociações. Você sabe que vencerá, mas não é considerado de bom-tom rir na cara do chefe.

- Esqueça essa história de conversas de meia-noite e faça apenas o que quiser, na hora que quiser. Dará tudo no mesmo.

- Vá em frente e ria. O que eles farão? Demiti-lo?

7º ERRO: PERMITIR SER INTIMIDADO

É dever do gato se fazer de morto em cima do relatório anual durante um retiro executivo. É uma dica sutil de que talvez a equipe devesse trabalhar o relatório para torná-lo mais interessante no próximo ano. No entanto, as pessoas parecem se ofender. Se você algum dia se permitiu ser expulso de um relatório, laptop, ou da mesa onde um almoço está sendo servido, então você precisa de alguma intervenção.

Sugestões:

- Se um humano insistir em expulsá-lo de algum lugar, como da mesa de trabalho ou de um ombro, espere 30 segundos e pule de volta. Repita quantas vezes for necessário. Mais cedo ou mais tarde a pessoa se perguntará se afastá-lo vale o esforço.

- Pratique a inversão de funções. Expulse qualquer pessoa de uma cadeira, poltrona ou outro lugar que seja do seu agrado. Até mesmo se ele, ou ela, não se incomodar com você por estar naquele lugar, ainda assim é bom estabelecer um domínio precoce.

8º ERRO: IGNORAR A POLITICAGEM DE ESCRITÓRIO

Como banho de inseticida após um passeio na floresta, a politicagem de escritório é inevitável. É de seu interesse ficar a par. Se você não prestar atenção em quem está hostilizando quem, como será capaz de criar tumulto?

Sugestões:

- *Trabalho em equipe.* Divida a comida com os colegas gatos; mantenha amizade com o carteiro e seja gentil com o peixe (até você descobrir uma forma de penetrar no que um dia se tornará a cova aquática dele). Mesmo um almoço ocasional com o cão pode render informações das quais você pode fazer bom uso. Além disso, isso lhe dá a chance de roubar o almoço dele.

- Mantenha o ouvido próximo do chão. A forma mais fácil de fazer isso é tirar uma soneca no chão, mas pode ser qualquer coisa.

- Mantenha relações com os gatos locais, inclusive os selvagens, que passam um tempo na lata de lixo na avenida principal. Nunca se sabe quando alguma mão de obra será bem-vinda.

9º ERRO: FICAR NA SUA ZONA DE CONFORTO (NORMALMENTE CONHECIDA COMO "CAMA")

Como nossas contrapartes, os gatos são criaturas de hábitos. É por isso que você saltará para cima e para baixo da cama de seus companheiros de trabalho de madrugada, ansioso por um pouco de atenção — é o que você sempre fez, então, por que mu-

dar? No entanto, pegar os companheiros de trabalho despreve-
nidos tem suas vantagens. Mantenha os humanos em um clima
de incerteza ao deixar ocasionalmente sua zona de conforto.

Sugestões:

- Ajuste o alarme e arraste-se para fora da cama em
  alguma hora profana, como meio-dia, para avaliar o
  que está acontecendo ao seu redor.
- De vez em quando, mude-se para um novo local no
  escritório e reivindique-o como sua nova área de tirar sonecas. O espaço, na frente da área da recepcio-
  nista, e sob a mesa de trabalho do presidente da empresa são lugares que valem a pena ser considerados.

Você é um gato de carreira ou um caçador de ratos caseiro?

Agora que você sabe *como* sobreviver à América corporativa,
precisa decidir se é importante estar lá. Você pode desejar se
juntar aos gatos de todas as nações enquanto eles invadem os
escritórios, plantam suas varinhas emplumadas em cima de
mesas de madeira lustradas, dão algumas lambidas em suas
partes privadas e, em seguida, encerram o dia. Ou você pode
encontrar sua felicidade na frente de casa, fazendo tortas
de rato caseiras e tirando uma soneca nas roupas lavadas e
quentes retiradas da secadora. O que quer que você escolha, os testes a seguir podem combinar seus interesses com
sua *perr*sonalidade para verificar se perambular pelo mundo
cor*porr*ativo é bom para você.

CIRCULE ATÉ DEZ PALAVRAS QUE MELHOR DESCREVEM SUA *PERR*SONALIDADE:

Acessível	Dominador	Letárgico
Ágil	Engraçadinho	Mal-humorado
Agradável	Engraçado	Maníaco
Alegre	Entediado	Meigo
Animado	Equilibrado	Meticuloso
Ardiloso	Esfomeado	Otimista
Assertivo	Exigente	Paciente
Astucioso	Flexível	Passivo
Autoritário	Forte	Pessimista
Avesso à água	Fraco	Petulante
Calmo	Ganancioso	Preguiçoso
Cômico	Grudento	*Perr*feito
Confuso	Impetuoso	*Perr*suasivo
Curioso	Incerto	Respeitoso
Detalhista	Inflado	Ronronador
Desajeitado	Inocente	Sensível
Destemido	Intenso	Sociável
Deturpado	Intimidador	Territorial
Ditatorial	Introspectivo	Vaidoso
Dissimulado	Irônico	Veloz

CIRCULE CINCO PALAVRAS QUE VOCÊ ACHA QUE OS OUTROS MAIS USAM PARA DESCREVÊ-LO:

Corajoso	Durão	Genial
Divino	Formidável	Grandioso

Impressionante	Místico	*Perr*feito
Incrível	Nobre	*Perr*feito
Inestimável	Onipotente	*Perr*feito
Majestoso	*Perr*feito	Sensacional
Maravilhoso	*Perr*feito	Surpreendente

LISTE SUAS CINCO MELHORES QUALIDADES TRANSFERÍVEIS

Por exemplo:

1. Rolar na sujeira;
2. Conseguir entrar em lugares impossíveis (dutos de ar-condicionado, armário de biscoitos, Harvard);
3. Ser capaz de ouvir abridores de latas a uma distância de 2 quilômetros;
4. Saltar por cima de edifícios altos, plantas em vasos, mesinhas de centro e cães imóveis com um único pulo;
5. Ser vigilante a ponto de beirar a paranoia.

AGORA LISTE TRÊS MANEIRAS COMO VOCÊ GOSTA DE GASTAR SEU TEMPO.

Por exemplo:

1. Tirando uma soneca;
2. Tirando uma soneca de cabeça para baixo;
3. Tirando uma soneca pós-soneca.

QUAIS SÃO OS SEUS TRÊS MAIORES PONTOS FORTES?

Por exemplo:

1. Beleza;
2. Higiene;

3. Equilíbrio sobre peitoris, consolo de lareira e bexigas cheias.

QUAIS SÃO SEUS TRÊS MAIORES PONTOS FRACOS?

Por exemplo:

1. Perda de pelo excessiva quando sob pressão;
2. Abandono de tarefas sem concluí-las (por exemplo: rato meio morto);
3. Tendência a mostrar aos outros meu traseiro quando estou zangado, aborrecido ou frustrado, ou nos dias terminados em "feira" e nos fins de semana também.

Agora que você sabe um pouco mais sobre si mesmo, pegue essas habilidades e insira-as em um currículo. Anexamos um exemplo a seguir. Sinta-se à vontade para copiá-lo.

Ponto principal? (Não, não seu traseiro. Olhe para cima. Aqui. Não limpe seu traseiro. Olhe aqui. Para *mim.*) Ser simpático não leva você a lugar algum. O mundo cor*porr*ativo está esperando apenas que você ataque. Não os decepcione.

G.A. TÁO

Rua das Patas, 555 • Em toda parte, EU 11111111 • gatão@aol-ronrn.com

OBJETIVO

Um indivíduo, frequentemente indiferente e reservado, mas, às vezes, loucamente entusiasmado, busca uma posição de supervisão de alto nível (parte de cima da geladeira ou mais alto ainda) para desenvolver/utilizar as habilidades das pessoas e exibir capacidades de concentração em pequenos pontos móveis de luz. Automotivado com forte desejo de avançar/se desenvolver... vagarosamente... e furtivamente...

RESUMO

- Perito caçador de roedores com quatro anos e duas vidas de experiência
- Habilidade de reagir rapidamente — e inesperadamente — a outros
- Prática em remoção intestinal de animais pequenos
- Capacidade de executar qualquer tarefa
- Responsabilidade pela RM (redução em massa) de roedores em um celeiro que vem exibindo mau desempenho em mais de 30% em um período de 12 meses
- Perícia especial em ratos silvestres, cobras de jardim e trigo-grama
- Registros comprovados de realizações em Gerenciamento de Caça por Toda Parte (GCTP)
- Instituição e imposição de uma política corporativa ampla de boa vizinhança para animais de estimação

PRINCIPAIS COMPETÊNCIAS

- Sem medo de questionar ou ignorar autoridade — repetidamente
- Come sapos e grama
- Atenção intensa para detalhes (especialmente se algo recua ou tenta fugir)
- Conhecimento profundo de táticas de privação de sono
- Curiosidade saudável em como as coisas funcionam
- Capacidade para vomitar quando solicitado
- Destaca-se no equilíbrio sono-vida
- Cuida-se bem
- Espírito de equipe — em equipes de um só jogador
- Excelente negociador que recusa aceitar "Não" ou "Pare ou o enviarei para a Groenlândia" como resposta

- Forte espírito de equipe com habilidade para fingir interesse no que os outros têm a dizer
- Habilidade comprovada de sempre aterrissar de pé; também muito bom em peitoris estreitos

EXPERIÊNCIA PROFISSIONAL
Caçador de roedores de agosto de 2007 até o presente
- Decapitou amplos números de "clientes" por um período de cinco anos
- Patrocinou programas corporativos de "devolução" que resultaram em um terço a mais de contribuições em terraços
- Localizou e desenvolveu locais de raios de sol da mais alta qualidade
- Dono da patente do sistema de negociação "Coopere e é possível que eu deixe você viver"

Vigia noturno de fevereiro de 2005 a julho de 2007
- Patrulhou áreas determinadas a pé, inclusive armários e locais de armazenamento, viveiros de peixes e paredes internas
- Forneceu serviços de acompanhamento para cigarras, moscas, folhas perdidas e insetos mortos
- Subiu em portas, janelas, telas e portões para crianças para descobrir falhas de segurança
- Informou sobre violadores de infrações de regras, tais como ficar à toa, fumar ou demonstrar afeto por cães
- Monitorou a população de ratos e pássaros
- Realizou verificações periódicas do sistema de excesso de lixo
- Soou o alarme quando detectada a presença de pessoas ou sombras não autorizadas

Caçador de ratos caseiro – 2003–2004

CONHECIMENTOS DE INFORMÁTICA
Conhecimentos de PataPoint; Plataforma MS-SONO; bons conhecimentos de internet envolvendo aplicações de sonecas; proficiência com o mouse

PASSATEMPOS
Ioga, corrida de curta distância, soneca competitiva, voluntário do movimento da comida crua

Referências disponíveis, se solicitadas (mas eu o matarei).

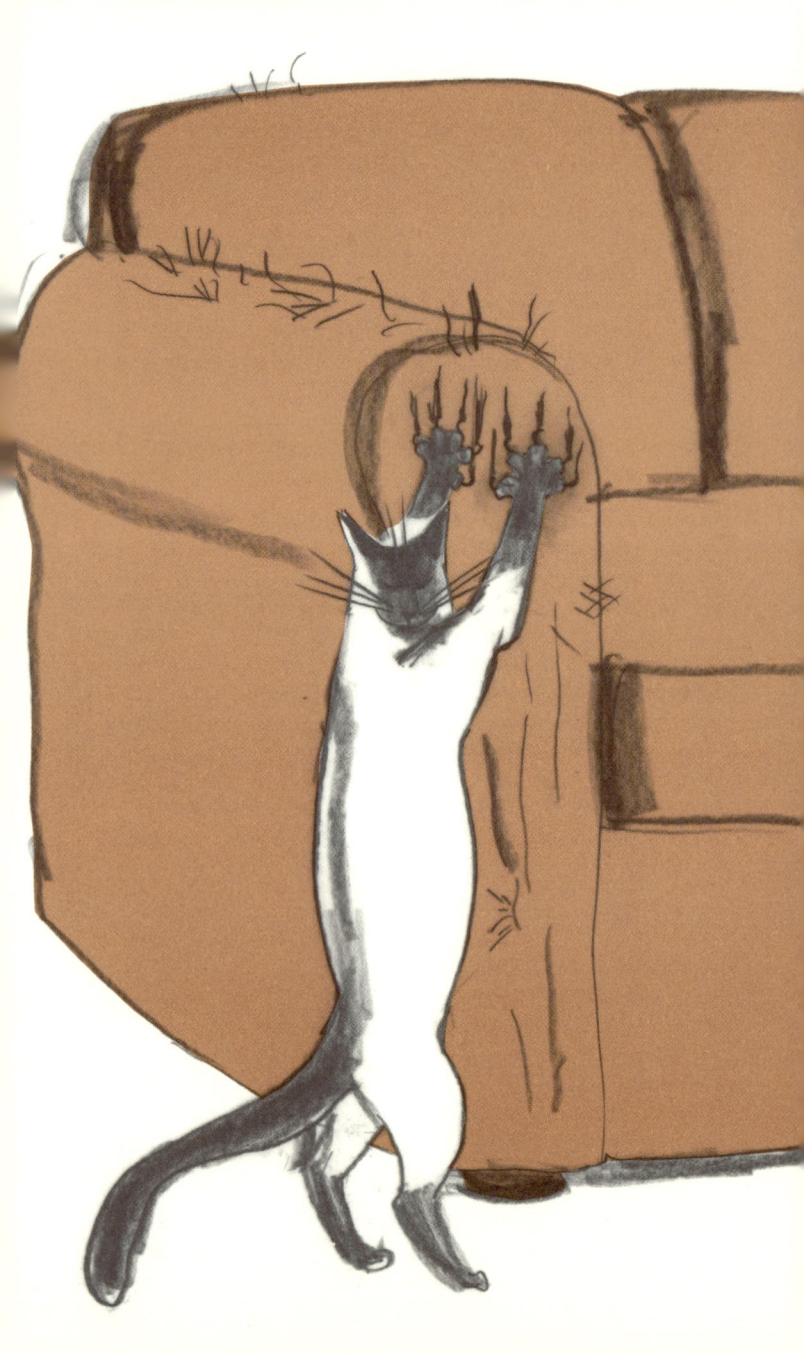

CAPÍTULO 7

Os sete hábitos dos gatos altamente eficazes

Todos os momentos na vida de um gato oferecem escolhas. Você enfrenta uma exploração arriscada dos domínios cinzentos do armário de jogos, ou persiste com a comodidade do travesseiro bordado na poltrona? Esquiva-se da cena do crime outrora conhecida como "o tapete do corredor", ou enfrenta as consequências? Ensina uma aranha de patas grandes quem é realmente o tal, ou permite que ela saia rastejando com o que restou de sua dignidade? Arranha o sofá como uma harpa, ou usa a meia-calça da mamãe em seu lugar?

Lembre-se, para você ganhar, alguém precisa perder. O cenário em que todos ganham é para criaturas de mente fraca ou espécies sem unhas afiadas retráteis. Juntamos sete princípios aos quais todos os gatos deveriam aderir para viver a melhor vida possível.* Adote esses hábitos e leve suas travessuras de eriçar o pelo para um nível totalmente novo.

---

* O número de princípios deveria ter sido nove, mas estávamos distraídos com um ponto de luz vermelho que se movia.

Hábito 1:
Concorde em discordar

Os humanos, às vezes, ficarão pouco entusiasmados com sua exuberância natural para a vida. Pode ser necessário que você concorde em discordar com eles sobre se, por exemplo, as plantas em vasos na casa existem somente para seu divertimento. Porém, que outra razão Deus teria para criar shih-tzus, plástico-bolha e samambaias se não para mantê-lo entretido?

Hábito 2:
Reivindique tudo como seu

Assim que entrar numa sala, rapidamente marque tudo lá como seu. Preferimos uma máquina de etiquetar, mas você pode usar o método conservador e esfregar seu cheiro em tudo que for imóvel. Mesmo que não esteja particularmente interessado em um item, tal como um poste para arranhar (Alô — não é como se já não tivéssemos um sofá), é melhor marcá-lo como pertencendo a você. Dessa forma, haverá menos perguntas quando você leiloar os itens no eBay.

Hábito 3:
Sempre mantenha um traseiro limpo

Bem... *sim.*

Hábito 4:
Pule neles antes que pulem em você

A vida de um gato gira em torno de manter uma eterna vigilância. Baixe a guarda por um minuto e poderá encontrar no YouTube um vídeo pornográfico felino estrelado por você lambendo determinados lugares íntimos. Ataque primeiro e pergunte depois. Presuma que todos e tudo — sombras, laços de caubói, seu rabo — estão querendo pegá-lo.

Hábito 5:
Em caso de dúvida, durma

Quem somos nós? Por que estamos aqui? Para onde você está indo com esse presunto? Perguntas como essas incomodaram felinos introspectivos desde o começo dos tempos. Porém, até as respostas se revelarem, uma pequena soneca para clarear a mente nunca é demais.

Os sete hábitos de gatos altamente ineficazes

Gatos ineficazes tendem a fazer o seguinte:

1. Movem-se voluntariamente para deixar lugar para outros na cama ou na poltrona;

2. Respeitam o fato de que nem todos desejam observá-los cuidar de suas partes íntimas;

3. Nunca fazem um som mais alto que um "miau" suave;

4. Aceitam a detenção domiciliar sem questionar;

5. Dão a outra bochecha — literalmente — quando apresentados à areia de gato genérica;

6. Dão a entender que eles gostam, de fato, bastante de cães;

7. Se aproximam quando chamados.

Hábito 6:
Aja completamente diferente no veterinário do que em casa

Há poucas coisas mais divertidas na vida do que observar seus humanos explicarem para um técnico em veterinária arranhado e sangrando que você *nunca* age assim em casa! Pontos extras se você conseguir pular da mesa de exame a qualquer momento durante o exame físico.

Hábito 7:
Crie um senso de inferioridade persistente nos humanos

Nunca é cedo ou tarde demais para zombar de seu humano pelas falhas e im*perr*feições dele ou dela. Se fizer um bom trabalho, você pode transformar uma pequena preocupação sobre um nariz bulboso ou uma carreira medíocre em um fetiche completo — o resultado será horas de atenção para você uma vez que seu humano busca consolo e conforto na sua presença. (A ironia é impagável.)

Declaração de Missão Pessoal (DMP) para gatos

Embora os "Sete hábitos dos gatos altamente eficazes" possam ajudá-lo a lidar com a maioria das coisas que a vida atira em você, felinos autoconscientes também desejarão elaborar uma declaração de missão pessoal. A declaração é algo que você pode revisitar de vez em quando para se lembrar de seus valores mais importantes. Uma Declaração de Missão Pessoal (DMP) para Gatos esclarecerá o seguinte:

- Quem você é
- O que deseja
- Que nível de agressão é necessário para atingir seus objetivos

Eis algumas mostras de DMPs:

Meu nome é Ema. Desejo sair para a rua. Estou disposta a passar horas deitada escondida atrás do sofá na esperança de que a porta da frente, quando for aberta, me presenteará com a liberdade. Gatos dominam, cães salivam!

Meu nome é Sr. Fuçador de Traseiros. Quero direitos de arranhadura irrestritos para o saco de biscoitinhos de gato e a abolição da regra "nenhum gato está autorizado a subir na bancada da cozinha". Estou disposto a me manter na entrada da cozinha dia e noite para defender minhas crenças. Acredito que aplicando consistentemente as táticas de privação de sono em meus humanos chegarei à vitória. Gosto de brinquedos barulhentos. Não sou avesso a uma mudança de nome.

Sou Felpuldo, o Borrão laranja! Um mestre do disfarce, eu vejo você, mas você não me vê. Sou os olhos brilhantes embaixo das escadas, os movimentos repentinos que você quase vê de relance com o canto dos olhos. Meu objetivo é nada menos do que a dominação do mundo. Acredito que se eu entrar sinuosamente nos lugares por tempo suficiente, meu talento será reconhecido e os humanos concordarão, provavelmente porque tropeçarão em mim. Controlarei meu império diabólico para sempre! (À exceção da dominação do mundo, gostaria de uma nova bola barulhenta).

Pronto para criar sua própria DMP? Demos a você algumas ideias para começar, mas você pode simplesmente preencher os espaços vazios da forma que achar melhor.

Meu nome é _____

Mais do que tudo de mais importante na vida, eu desejo _____

_____

- Minhas partes reprodutivas de volta
- Presunto
- Sair/entrar
- Levar o cão para "passear"
- Jogar boliche no Wii
- Um carro, um esquilo, uma estrada, 30 segundos, e *nenhuma pergunta*

Estou disposto a _____ *para ter o que desejo.*

- Permitir que minha barriga seja tocada. Brevemente. Espere! Mudei de ideia. Sem chance.
- Lançar mão de ações terroristas.
- Soltar os cachorros!

- Liberar gases tóxicos felinos.
- Pisotear a sua cara.
- Não vou mudar nada em mim mesmo. Ponto.

Os sete hábitos dos "donos" de gato altamente eficazes

Os "donos" de gatos eficazes tendem a ter as seguintes características:

1. Se aproximam quando chamados;
2. Sempre cheiram a atum;
3. São imunes a choque elétrico;
4. São telepáticos, por isso não há necessidade de você de fato deixar seu lugar ao sol para dizer-lhes que tem uma coceirinha atrás da orelha esquerda que precisa ser cuidada;
5. Estão dispostos a se livrar do namorado/namorada/cônjuge/filho asmático que não gosta de gatos ou não os tolera;
6. Reconhecem que os lugares de dormir na cama são estabelecidos com base no conceito de quem chega primeiro tem preferência;
7. Têm mãos quentes, pés quentes e um coração quente.

CAPÍTULO 8

Os compromissos peludos

Baseado em uma sabedoria antiga — antes da invenção da caixa de areia para vários gatos —, os Quatro Compromissos são princípios estabelecidos pelo curandeiro Don Miguel Ruiz para aumentar as vibrações espirituais dos humanos na esperança de que finalmente se reformassem e parassem de assistir tanto ao programa *American Idol*.

No entanto, os humanos ainda não entenderam bem como implementar esses princípios espirituais no seu dia a dia. Consequentemente, os gatos de hoje têm o dever de manter os humanos responsáveis por levarem vidas regidas segundo esses princípios. Naturalmente, a abordagem felina a esses princípios é um pouco diferente da humana. A seguir, veja uma comparação entre os compromissos elaborados por Ruiz e a nossa versão recentemente revisada e atualizada para felinos.

OS QUATRO COMPROMISSOS	OS COMPROMISSOS PELUDOS
Seja impecável com a sua palavra	Faça questão que os outros cumpram sua palavra
Não leve *nada* para o lado pessoal	Não leve nada para o lado *perrs*soal – a menos que goste de brigar
Não tire conclusões	Presuma que todos os outros são idiotas (Economiza tempo)
Dê sempre o melhor de si	Dê sempre o melhor de si – a menos que você possa dar um jeito de fazer menos

Primeiro compromisso peludo:
Faça questão que os outros cumpram sua palavra

Suponha que o seu humano diga "Jogo a bola barulhenta em um minutinho". Em primeiro lugar, os gatos não conseguem calcular tempo; então, obrigado por essa lembrança. E, segundo, como *ousam* os humanos presumir que podem escolher quando a sagrada bola barulhenta deve ser jogada? Se desejamos perseguir a bola barulhenta sagrada, queremos persegui-la *agora*.

Ou, suponha que, ao sair de casa, seus humanos lhe digam para ter um bom dia, mas você não tenha. De quem é a culpa? Certamente, não é sua. Essa é a razão pela qual é importante para nós que os outros cumpram a palavra. Se eles nos dizem para ter um bom dia, então, por Deus, é melhor eles fazerem algo para garantir que isso aconteça.

QUAL A FORÇA DA SUA AUTORIDADE?
Enquanto a palavra do humano típico vale quase tanto quanto a bola de pelo que você vomitou ao tossir esta manhã, a palavra de um gato é confiável. Se dizemos "Miaufuf", queremos dizer "Miaufuf."

Para inspirar os humanos a seguir seu exemplo, dê ordens frequentemente, em um tom alto e lastimoso. Você quer ter certeza de que todos ouvem o quanto irrepreensível você está sendo com suas ordens. A palavra tem o poder de criar. Dê ordens e observe os humanos correrem para encher sua vasilha de comida. Dê ordens e observe a porta de tela abrir para conceder-lhe acesso irrestrito ao ar livre. Dê ordens e observe os humanos se virarem e cederem o centro da cama. A palavra é mágica no que ela pode criar. Tenha cuidado com seu poder e use-o para o bem... ou para o mal. Seja lá para o que for.

Segundo compromisso peludo: Não leve nada para o lado *perr*ssoal — a menos que goste de brigar

Gatos trabalham com afinco na caixa de areia da baixa auto-estima sempre que olham para os humanos para justificar sua existência. Se alguém exprime uma opinião sem sentido tal como "Bichano mau! Afaste-se do aquário!" ou "Usei o abridor de latas para abrir a lata de ervilhas, não a de atum. Olha — ERVILHAS", você não deve ficar sentido. No exemplo acima, você deve fazer ouvidos de mercador e arrotar uma escama de peixe-dourado para mostrar que não será envenenado pelo ne-gativismo, ou pode atormentar seu humano até ele, ou ela, se virar e abrir uma lata de atum só para se livrar de você.

Embora você nunca deva levar qualquer coisa para o lado *perr*ssoal, deve gravar na mente de seus humanos o fato de que cada um de seus balanços de rabo e torcidas de bigodes tem significado, ao mesmo tempo em que os deixa completa-mente sem pistas sobre qual poderia ser o significado. Como um detetive particular de alto nível da CIA ou uma menina de 15 anos, você nunca deve deixar os outros saberem exa-tamente o que está pensando ou o que eles podem ter feito para chateá-lo. O que importa é que eles agora devem dedicar tempo a puxar seu saco na esperança de caírem de novo em suas boas graças.

Lembre-se: a quantidade de afagos e guloseimas que você recebe por dia nunca deve influenciar sua autoestima. Tudo que deve preocupá-lo é se você tem a capacidade de fazer seus humanos pararem todas as atividades — tais como fazer o jantar ou se envolverem no ato de procriação — e prestarem atenção em você quando você mandar.

Terceiro compromisso peludo: Presuma que todos os outros são idiotas (Economiza tempo)

Às vezes, os gatos cometem o erro de dar às pessoas mais crédito do que elas merecem. Gostamos de acreditar que as pessoas são capazes de ter pensamentos e emoções maiores, uma síndrome conhecida como antropomorfismo (em latim significa "pensamento otimista"). Presumimos que as pessoas sentem medo, dor, raiva, tristeza e felicidade da mesma forma que nós. Na realidade, a maioria das pessoas carece da profundidade e do alcance das emoções que até mesmo um gato doméstico mais mentalmente débil possui. Essa é uma das razões por que os gatos permanecem próximos aos humanos. Estamos aqui para lhes ensinar o significado do amor puro e absoluto — sem a tolice e o cheiro de mofo que acompanha a mesma emoção nos cães.

Quantas vezes essa situação já aconteceu com você? Você está aconchegado em seu lugar favorito da casa, talvez uma cadeira decorada que recebe sol diretamente, tranquilo, dormindo no calor e no silêncio do lar. Repentinamente, uma pena gigante é sacudida na frente de seu focinho. Você abre um olho para dar uma espiada e, não tendo interesse algum, fecha-o novamente. Agora, a pena é empurrada para o seu lado e uma voz de cima canta: "Guzo, guzo! Pegue a pena! Vamos lá, gatinho, pegue essa pena grande e malvada!".

Naturalmente, você presume que a voz confundiu você com o cachorro da família, que está ansioso para fazer tudo exceto comer bosta (Ah, espere, ele faz isso também) para agradar. Ou você presume que Deus está testando sua paciência. Na realidade, nada disso é verdade. A razão para a pena estar no seu focinho é — olha essa — que seu humano de fato acha que você *gosta* da pena.

"*O quê?*", você diz. "Como pode ser? Não dei nenhuma indicação de que queria perseguir a pena. Qualquer idiota pode ver que tudo que eu queria era dormir."

Essa é a parte fascinante. As pessoas pensam que estão sendo gentis quando agitam penas no seu focinho. Ironicamente, muitos felinos estimulam sem querer tal comportamento quando, em um esforço para se livrarem do humano e da pena, relutantemente dão um golpe ou dois no objeto que se aproxima à frente deles, estimulando, com isso, esse comportamento.

A forma de evitar suposições falsas é fazendo uso de uma comunicação clara e direta. Ao contrário dos gatos, que são mediúnicos (por que outra razão poderíamos saber nos esconder nos dias em que temos consulta no veterinário?), as pessoas precisam que as coisas sejam explicadas passo a passo. Recorte o quadro útil que incluímos a seguir e deixe-o à vista, tal como perto do banheiro, onde sua pessoa pode revê-lo com frequência.

Quarto compromisso peludo: Sempre dê o melhor de si – a menos que você possa dar um jeito de fazer menos

Dar o melhor de si é da natureza dos felinos. Sem nem ao menos tentar, sempre somos as criaturas com a melhor aparência em qualquer ambiente, para não falar as mais espertas, mais graciosas e — é óbvio — as mais modernas.

No entanto, alguns dias ficamos cansados. Talvez porque só tenhamos 15 horas de sono por dia. Talvez o hamster motorizado esteja esgotando nossa paciência. Ou talvez tenhamos consumido um pouquinho demais a erva-dos-gatos esta semana. Sem tentarmos muito, começamos a poupar esforços. Talvez deixemos o cão passar por nós sem golpeá-lo violentamente. Ou talvez façamos cocô fora da caixa de areia porque nos rastejar para dentro dela simplesmente requer muito esforço. (Isso não deve ser confundido com fazer cocô fora da caixa de areia porque queremos fazer um registro claro sobre como nos sentimos em relação aos nossos humanos quando passam um feriadão fora de casa e nos deixam para trás.)

Você pode aceitar o ocasional "menos do que" de você mesmo, mas recuse aceitá-lo dos outros. Você sentirá a vida fluindo muito mais facilmente assim que começar a *insistir* que seus humanos deem o melhor de si. Os lapsos que você permitiu anteriormente — uma vasilha de comida vazia, o compartilhamento da poltrona, seus brinquedos recolhidos antes de você ter terminado de brincar — não serão mais tolerados. Por quê? Porque você *assim o deseja,* só por isso.

Na realidade, os humanos sofrerão no quesito autoaperfeiçoamento, a menos que alguém esteja por perto para apontar cada um de todos os defeitos deles ao longo do caminho. Felizmente, eles têm você. A forma como você apontará as áreas que precisam de atenção refletirá sua *perr*sonalidade. É possível que aqueles que possuem *perr*sonalidades introspectivas se escondam embaixo da cama até que um passo em falso maior, tal como permitir a entrada de outro gato na casa, tenha sido corrigido. Aqueles que não tiverem medo de ser mais explícitos em suas comunicações podem se sentir à vontade para pular no colo de seus humanos, plantar as patas no peito deles e ter uma conversa bem franca.

Certamente, a necessidade de manter os humanos sob controle é algo com que todos nós conseguimos concordar.

CAPÍTULO 9

Manual de sobrevivência para o pior pesadelo de um gato

Você está pronto para sobreviver e prosperar nas piores circunstâncias que a vida o jogar? Você sobreviveria dez minutos fora de casa sem nenhum acesso ao abridor de latas elétrico *ou* ao cobertor verde-limão da poltrona? Prepare-se para descobrir!

A sobrevivência torna-se um assunto sério, quando você se depara com perigos tais como a caixa de viagem ou um jantar servido cinco minutos atrasado. Neste capítulo, você aprenderá dicas para burlar plantas venenosas e para recusar medicação e estudará como controlar membros inquietos se mexendo sob as cobertas à noite. Aprenda o que fazer em situações sociais potencialmente embaraçosas (por exemplo, quando você descobre algo pendurado no seu traseiro) e como livrar seu cobertor favorito da máquina de lavar sem jamais se molhar.

Espalhados pelo capítulo estão dilemas do tipo "Qual é o seu pior pesadelo?" para fazê-lo pensar sobre como você poderia lidar com seus próprios dramas de vida ou morte. Prepare-se para a ação porque você irá mostrar como sobreviver ao *pior* que a vida tem para dar!

Seu pior pesadelo é...

Ter um segundo gato na casa ou a guerra termonuclear global?

Como sobreviver quando perdido

A liberdade nem sempre é tudo o que dizem. Se você está fora de casa, vagando por território desconhecido, lembre-se de seguir as diretrizes abaixo.

NÃO ENTRE EM PÂNICO

A menos que esteja próximo do horário do jantar e nenhuma comida estiver à vista. Então, sem dúvida, entre em um estado de terror desenfreado.

PERMANEÇA ESCONDIDO

Não é sua obrigação encontrar seus humanos. É obrigação deles encontrá-lo. Se isso exigir deles engatinhar sobre telhados, olhar dentro de calhas de escoamento de chuva e rastejar de barriga na lama e em folhas em espaços pequenos em todas as casas da vizinhança, chamando seu nome enquanto você permanece mudo e imóvel como estátua nos galhos, que assim seja. (Na realidade, se você se lembrou de levar uma câmera de vídeo, isso seria uma cena inestimável.)

SUBA O MAIS ALTO POSSÍVEL

Escale o mais alto possível para obter uma visão de seus arredores. De um telhado ou do galho mais alto de uma árvore, o desconhecido se transforma em conhecido. Você então fica com o problema de descer da árvore, mas pelo menos não estará mais perdido.

Como arrombar um carro

Roubar carros é uma habilidade que todos os gatos deveriam dominar. Nunca se sabe quando se precisará de um carro vistoso.

O MÉTODO DO PASSAGEIRO CLANDESTINO
De longe a mais fácil e popular de todas as técnicas de arrombamento, o método do passageiro clandestino exige entrar, sem ser visto, na bagagem ou em uma sacola de compras que esteja sendo colocada por um humano dentro do carro e, depois, sair dela uma vez já dentro do veículo. Revele sua trapaça rapidamente. Nesse caso, o objetivo não é, na realidade, ir a lugar algum, mas, ao contrário, mostrar aos seus humanos o quanto você é admiravelmente brilhante e sorrateiro.

O MÉTODO DO CARONA
Pule no banco de trás ou engatinhe sob uma lona e finque o pé na estrada. Assim que chegar ao seu destino final, permita que o motorista do automóvel leia sua coleira, assegurando uma visita constrangedora de seus humanos após dirigirem os 70 quilômetros para pegar você.

O MÉTODO DO MOTOR QUENTE (NÃO RECOMENDADO)
O método de motor quente o coloca na parte de baixo de um automóvel, mas o resultado desse arrombamento pode ser ruim. Aconselhamos evitar *todos* os motores até que nossos pesquisadores de campo felinos descubram o que é que faz esses montes de metal inertes voltar à vida.

Como suportar quando seu cobertor ou brinquedo favorito está sendo lavado

O segredo para lidar com essa hipótese ruim é se manter resistente mentalmente. Use as dicas a seguir para se ajudar a passar por isso.

INCENTIVE SEU BRINQUEDO

Considerando como você se sente com relação a banhos ou a um jato ocasional de H_2O de uma pistola plástica, você pode imaginar a tortura que seu cobertor está sofrendo. Aproxime-se da máquina de lavar roupas e mie alto, para permitir que o Sr. Cobertor saiba que a ajuda está a caminho.

RASGUE ALGO

Rasgar uma manta ou um xale antigo favorito de seus humanos liberará o estresse e lembrará a eles de como você se sente com relação ao dia de lavanderia. Logo eles entenderão a ideia e simplesmente aprenderão a viver com a sujeira.

O que fazer se você encontrar uma cobra

As cobras são nossas amigas. (Há-há, não exatamente. Se você vir uma, pise nela. Ou siga as sugestões a seguir.)

ENVOLVA O CÃO

Veja se você consegue envolver Fifi, o prodígio desmiolado. Nem todas as cobras são venenosas, e é possível que você goste de "brincar" com uma, mas primeiro precisa saber com o que está lidando. Se Fifi viver, provavelmente é seguro caçar a cobra. Divirta-se!

DESAFIE A COBRA A UMA LUTA DE KUNG FU
Use esta dica como um subterfúgio para manter a cobra ocupada até seu humano chegar com a pá.

> ### Seu pior pesadelo é...
>
> O cortador de unhas ou o atirador de comprimidos?

CONVIDE-A PARA ENTRAR
Convide a cobra para ficar à vontade em casa e assista à diversão começar.

Como sobreviver ao banho

O que está errado com a necessidade do humano de mergulhar tudo que é deles — inclusive o gato persa — em água quente e cheia de sabão? Nós gatos *esquecemos* mais como nos mantermos limpos do que os humanos jamais saberão. No entanto, se for arrastado e levado na direção da pia da cozinha, eis algumas dicas do que fazer.

PARE, SOLTE-SE E ARRANHE
Pense no Wolverine do *X-Men* e desembainhe aquelas unhas afiadas de menino mau. Crave-as em tudo por onde passar

— numa moldura de portas, num corrimão ou nas coxas esponjosas da pessoa que estiver carregando você.

CONHEÇA SEU INIMIGO

É dito aos humanos que se mantenham calmos, sejam positivos e falem em tom ameno enquanto estiverem dando banho num bichano. Sua missão é destruir a paz de espírito de seu humano ao ponto de ele ainda estar tomando calmantes por até dois anos depois do primeiro evento de banho.

> ### Seu pior pesadelo é....
>
> Ser trancado do lado de fora ou ficar preso dentro de casa?

Como identificar que uma planta é venenosa

Você pode cheirá-la, esfregá-la, e cavar até suas raízes, mas a única forma infalível de dizer se uma planta é venenosa é dar uma mordidinha. Se comer a planta faz você vomitar, bem, não tiremos conclusões precipitadas. Com toda a justiça, você vomita muito frequentemente.

Como subjugar um humano

Os humanos podem mudar o tratamento com você a qualquer momento. Esse comportamento é mais notável à noite, quando eles rolam e se agitam sem nenhuma consideração com o gato que está tentando dormir no pé da cama. Para encurralar um humano, tente as técnicas a seguir.

MORDIDINHA NO DEDÃO
Uma mordidinha gentil nos dedos dos pés lembra aos humanos que eles usam a cama a seu critério. Se eles não entenderem a dica, sinta-se livre para atacar um pé genioso e combata-o até a submissão.

ATAQUE O "PACOTE"
Vocês gatos machos sabem o que queremos dizer.

O que fazer se for pego com algo pendurado no seu traseiro

A resposta das pessoas dependerá de sua atitude. Continue como se nada estivesse errado; em seguida, discretamente, limpe seu traseiro na colcha da cama de seu humano na primeira oportunidade.

Como evitar ser atingido por um raio

Quando estiver do lado de fora, sempre fique próximo a algo mais alto do que você. Sugerimos ajudar o cão a subir em uma caixa e ficar próximo dele.

Como atravessar a rua

Embora recomendemos que os gatos fiquem dentro de casa ou nas redondezas de seu próprio jardim, às vezes, uma travessia de rua se torna uma necessidade, como quando a bela moça com o chinelo de coelhinho da quadra de cima chama seu nome porque ela tem aperitivos especiais de salmão.

MÉTODO TRADICIONAL

Para atravessar a rua, agache-se na posição de preparar. Assim que vir um carro se aproximando, mexa-se para a frente e para trás de forma indecisa. Quando o carro estiver quase na sua frente, corra rapidamente para a frente. Quando você ouvir o som de metal chiando e xingamentos, saberá que está quase lá. Continue atravessando a rua andando vagarosamente. Pare do outro lado para se dar um rápido banho de língua de "está tudo bem".

MÉTODO ALTERNATIVO

Vá cambaleando para o meio da rua. Caia graciosamente no chão e mantenha seu ouvido pressionado no asfalto para ouvir carros se aproximando enquanto desfruta de uma soneca rápida. Ao ouvir um carro (ou o som de seu humano gritando, você deve tirar o traseiro do meio da rua), languidamente levante-se e perambule até o meio-fio.

Seu pior pesadelo é...

Roupas de boneca ou corte de cabelo tipo leão?

Como libertar o atum da impenetrável lata de confinamento

Atum em lata é como um pássaro na gaiola — ele anseia por liberdade. Só há uma forma de lidar com atum aprisionado. Tenha a certeza de seguir todos os passos descritos a seguir.

1. Mie freneticamente;
2. Quando seu humano entrar na cozinha e disser: "O que foi? Você quer comer?", use o seu melhor disfarce de "gato morto" a seus pés para demonstrar como ficou fraco pela falta de proteína;
3. Enquanto a lata estiver sendo aberta, fique alerta com o cachorro, uma vez que a maioria dos cães não são espertos o suficiente para distinguir a comida deles da sua;
4. Tente fazer seu humano tropeçar enquanto ele estiver carregando a vasilha de comida para fazer a comida chegar ao chão mais rápido;
5. Mergulhe de ponta-cabeça no prato de atum e coma até sentir vontade de vomitar. (Ou até você vomitar de fato. Qualquer que seja.);
6. Repita.

O que fazer se você for deixado do lado de fora na chuva

Se você pegar um dilúvio, seu primeiro objetivo é sempre atrair a atenção de alguém. Tente se sentar do lado de fora da porta da frente e gemer até alguém abrir a porta. Se ninguém estiver em casa, engatinhe até um abrigo ou garagem ou se refugie embaixo da casa, planejando sua vingança enquanto espera do lado de fora na tempestade.

Como sobreviver à fotografia de férias

Se seus companheiros gatos da vizinhança algum dia o avistassem na sua fantasia de elfo tricotada pela tia Nan, sua reputação como menino mau da vizinhança estaria destruída. Eis algumas dicas para desestimular a tendência "animal de estimação da família em postal de férias".

- Ataque qualquer um que tente amarrar um chapéu de Papai Noel, orelhas de elfo ou chifres de rena em qualquer parte de sua cabeça ou corpo;
- Esconda-se bem dentro da árvore de Natal;
- Libere uma onda de gás de bichano suficiente para desfalecer um copo-de-leite durante a seção de fotografia;
- Se um fotógrafo profissional estiver envolvido, conduza a pessoa em direção a uma nova carreira. Pontos extras se você conseguir vomitar no meio de uma seção de fotos;
- Se tudo mais falhar, tenha a certeza de que sua família ficou sem opção a não ser escrever, "Ah, droga", embaixo de sua fotografia antes de enviá-la.

Seu pior pesadelo é....

Pássaros do lado de fora da janela ou esquilos dentro de casa?

Como sobreviver ao aspirador de pó

Um gato tem muitos inimigos naturais — cadeiras de balanço, banhos, o veterinário que corta nossas unhas e, certamente, os aspiradores de pó. Essas máquinas terríveis de chupar pelos de gatos da natureza representam um perigo para qualquer família felina. Fique calmo, não entre em pânico, e siga as orientações a seguir.

SILVE E CUSPA

No momento em que você observa o aspirador de pó, não deixe dúvidas do fato de que você o considera seu inimigo mortal. Às vezes, isso o leva a fugir para dentro de outro ambiente.

MUDE-SE PARA PATAMARES MAIS ALTOS

Por alguma razão, os aspiradores de pó parecem relutar em escalar a geladeira ou a mesa da sala de jantar. Use isso a seu favor e escale.

VÁ FUNDO

Se você não conseguir ir para o alto, busque um canto ou uma fenda na qual possa se comprimir. Os aspiradores de pó parecem preferir espaços escancarados e frequentemente não perturbarão cantos ou lugares distantes debaixo da cama. Aviso: se instrumentos de sucção estiverem envolvidos, aborte esta estratégia instantaneamente. Há relatos de felinos sendo forçados a enfrentar sucções da cabeça aos pés com alguns desses instrumentos abomináveis.

FUJA

Este é o aspirador surpreendente que pode pegar um gato. Se encurralado, enfie o rabo entre as pernas, abaixe as orelhas e caia fora.

Seu pior pesadelo é....

O aspirador de pó ou a campainha?

Como desaparecer

Apesar de serem criaturas frequentemente acusadas de ficar debaixo dos pés, os gatos também possuem a habilidade de desaparecer quando a situação permite. (Digamos, por exemplo, quando um copo de água decide espontaneamente derramar-se sobre o computador.) Sugerimos o método David Copperfield. Deite-se de barriga para baixo no chão enquanto entoa "Presto blendo, presto blendo...". As pessoas passarão sem notar.

Como capturar um rato

Para muitos de nós, a vida doméstica tem significado uma diminuição das habilidades predadoras naturais. Justamente porque você vive uma vida de refinamento, no entanto, não significa que ainda não consiga pendurar uma cabeça de rato empalhada na sua parede, se você assim decidir. Para gatos que não tiveram de caçar para sobreviver, eis um lembrete breve:

MÉTODO CLÁSSICO

1. *Vigie.* Ponha-se de vigilância 24 horas por dia (menos o tempo da soneca e da alimentação) na área onde você suspeita que um rato more. Se tiver acesso a câmeras de circuito fechado, melhor ainda.

2. *Surpreenda.* Pratique a arte da imobilidade. Mesmo quando o rato aparecer, não corra para persegui-lo. Permita que o rato se arrisque longe de seu buraco.

3. *Ataque o fantasma.* Não há necessidade de perseguir o alvo e destruí-lo com o primeiro golpe. Caçar ratos é como pescar. Você pega algo somente para ser capaz de bater no peito com orgulho e tirar uma fotografia sua com a caça. Em seguida, você o joga de volta e tenta pegá-lo novamente.

NOVO MÉTODO

Faça um convite formal de jantar para o rato, deixando de mencionar o que será servido como prato principal.

Como evitar tomar remédios

O importante a ser lembrado com relação a medicamentos é que você deve evitar ingeri-los a todo custo. Não importa o que lhe disserem, qualquer coisa que não cheire a peixe, galinha ou traseiro não pode ser bom para você.

O DISFARCE

Finja que toma o comprimido, esconda-o sob a língua ou atrás da garganta e, depois, cuspa-o no meio do corredor bem à vista de seus humanos assim que tiver sido liberado.

Seu pior pesadelo é...

Viagem de carro até outro estado ou ficar confinado no compartimento de bagagem do avião?

O ASFIXIAMENTO

Muitos humanos (legitimamente) temem dar um comprimido a um gato. Piore isso fazendo barulhos de estar asfixiado e ofegante que causem pânico ao seu humano. Assim fará eles pensarem que você está machucado, possibilitando que tenha tempo para escapar.

BICHANO FEROZ

Canalize o poder bruto e selvagem de seus ancestrais. Eles costumavam comer pessoas, você sabe.

Como evitar ser punido por qualquer coisa, sempre

Você é um bom bichano — na maioria das vezes. Para aqueles momentos em que sua auréola poderia desmanchar, é bom saber como colocar a culpa aos pés de outra pessoa.

ESBUGALHE OS OLHOS

Quando você estiver em sérias dificuldades, saque suas armas. Abra o máximo possível os olhos, torça o nariz, e ronrone. Nove em dez vezes as pessoas instantaneamente se esquecerão do que as estava aborrecendo.

ENVOLVA O CÃO

Essa trama é tão fácil que é quase cruel. Conduza o filhote para o/a (preencha a lacuna — prato quebrado, planta no vaso, sapato mastigado, computador quebrado) e convide-o para brincar. Limpe qualquer marca incriminatória de pata felina da cena com seu rabo e exiba o olhar "Estou tão chocado com esse comportamento quanto você" quando seu humano entrar no ambiente e vir Scout rolando feliz na sujeira deixada pela planta caída.

CAPÍTULO EXTRA

O Segredo

Todos os gatos conhecem o segredo da vida.

Mas não vamos contá-lo.

Este livro foi composto na tipologia Adobe Garamond Pro, em corpo 11/14, e impresso em papel off-white $80g/m^2$ na Yangraf.